동네 미용실 원장님이
우리 엄마는 아니지만

동네 미용실 원장님이 우리 엄마는 아니지만
ⓒ 도재이

발행일_ 2022년 11월 7일
지은이_ 도재이
책임편집_ 이혜미
디자인·일러스트_ 임현주

발행처_ 인디펍
발행인_ 민승원
출판등록_ 2019년 1월 28일 제2019-8호
주소_ 61180 광주광역시 북구 용주로 40번길 7 (용봉동)
전자우편_ cs@indiepub.kr
대표전화_ 070-8848-8004
팩스_ 0303-3444-7982

정가 11,000원
ISBN 979-11-6756-146-6 (03810)

이 책은 저작권법에 따라 보호받는 저작물이므로 무단 전재와 복제를 금합니다.

Things Happens

동네 미용실 원장님이
우리 엄마는 아니지만

글 도재이

"이건 앞으로 나아가기 위한 거다."

-영화 〈안녕, 티라노: 영원히 함께〉(2019)

프롤로그 — 솜사탕

 너 솜사탕 좋아하는 거, 내가 알아. 하지만 이건 아껴야 하는 기쁨. 짧고, 조금씩 나빠지지. 길고, 조금씩 나아지는 걸 찾아보자. 애원하는 간절한 눈빛이 안타깝다. 어쩔 수 없는 일. 어쩔 수 없는 일. 되뇌며 이제 곧, 나를 따라다니지 않을 때가 올 거야. 오랜만에 놀러 간 동물원 입구에서 솜사탕 장수를 본다. 솜사탕을 흘끔거리던 아이가 사 달라는 말을 혀끝에 두고 있다가 마침내는. 화장실을 다녀오겠다고 말한다. 쓰리다. 이깟 설탕솜이 뭐라고 이렇게까지 애처로운가. 몰래 솜사탕 하나를 산다. 빨강, 노랑, 파랑이 다 들어 있는 가장 크고 예쁜 꽃봉오리 모양의 솜사탕.

 벚나무 아래서 아이를 기다린다. 이따금 꽃비가 내리고. 나의 아이 같은 아이들이 제 부모의 손을 잡고 걸어간다. 저 아이가 입은 연둣빛 감도는 나들이옷은 내 아이에게도 참 잘 어울릴 것 같다. 어느덧 동물원의 폐장 시간이 다가온다. 다음엔 아이에게 나들이옷을 새로 사 줘야지. 추로스 가게도, 햄버거 가게도 하나둘 문을 닫는다. 그리고 다음엔 옷에 어울리는 신발도. 연둣빛에 어울리는 신발을 고르는 건 쉽지 않을 거야. 사자도, 곰도, 기린이나 원숭이도 다 제 우리 뒤편으로 사라진다. 솜사탕 막대를 오른손에서 왼손으로, 다시 오른손으로 바꿔 쥐어가며. 기다린다. 비가 내린다. 검붉게 사위어 가는 공중에서도 벚꽃잎은 희끄무레하게 태가 난다. 기다린다. 기다려도. 동물원이 문을 아주 닫을 때까지 기다려도 아이는 돌아오지 않는다. 빗방울에 난사당한 솜사탕이

서럽다.
슬프다.
다행이다.

응. 길고, 조금씩 나아지는 걸 찾아보자.
너의 기쁨이 매일 조금씩 자라날 수 있도록.

내가 없는 순간에도. 푸르게.

| 차례 |

프롤로그 – 솜사탕 · 6

1부. 긍정도 부정도 너무나 불길해서

이렇다 할 슬픔도 없이 글썽이는 · 13

또 나만 엄마 없지 · 20

왜 이러고 다니냐면 · 26

더도 덜도 말고 미용실 · 33

엄마 유니폼 · 41

슬픔이 더러워서 놀랐다 · 49

기다릴게 · 55

살려야 한다 · 64

2부. 씨 워킹

바다 산책 · 73

그렇게 해서도, 그렇게 들어서도 안 되는 말 · 78

일일 학부모 교사가 되지 못한 엄마 · 82

글이나 쓰는 엄마 · 87

엄마의 겁 · 93

몰래 한 사랑 · 99

이건 도저히 안 되겠는데요, 장모님 · 103

모르는 여자 · 108

엄마와 세 번의 잠 · 112

3부. 빈 화분

12월, 형제 · 119

첫 번째 둘째, 두 번째 둘째 · 122

엄마를 나눠 줄게 · 128

3초만 세면 끝나 · 136

아보카도 대신 망고 · 141

동네 미용실 원장님이 우리 엄마는 아니지만 · 145

에필로그- 옷걸이에 옷 좀 걸어라 · 148

1부.

긍정도 부정도
너무나 불길해서

이렇다 할 슬픔도 없이 글썽이는

여름 한낮, 한 시간쯤 외출하기로 했다. 배는 적당히 부풀었고 여섯 살 난 아이와 함께 걸어야 했지만 양산과 물은 챙기지 않았다. 며칠 전부터 집 근처 어디에 미용실이 있는지 눈여겨봤다. 5분, 멀어야 7~8분 거리에 미용실이 여섯 군데나 있었다. 대학교가 가까이 있는 덕분이었다. 미용실까지 느린 걸음으로 8분, 아이 머리 깎는 데 30분, 돌아오는 데 8분. 그늘을 디뎌 다니면 살이 익을 새도 없을 것 같았다.

아이는 새로 이사 온 동네에서 처음 이발하는 오늘을 특별하게 여겼다. '원래' 다니던 미용실에서의 추억을 하나씩 꺼내 곱씹는 틈틈이 새 미용실은 어디 있는지 자꾸 물었다.

"저기. 저기서 꺾으면 바로 보여."

가리킨 길모퉁이를 향해 아이가 먼저 뛰어갔다.

"진짜 여기 있네! 엄마는 뛰지 마, 동생 어지러우니까."

낯선 동네 길모퉁이에서 내 아이가 웃던 대로 웃고 있으니 이 골목의 주인이 원래 나였던 것처럼 신이 났다. 앞으로는 다 괜찮을 것처럼 마음이 놓였다.

미용실 문을 열자 50대 초반쯤 되어 보이는 미용사가 손님의 긴 머리칼에 염색제를 바르다가 무심결에 '어서 오세요' 하고 인사했다.

"안녕하세요, 아이 머리 좀 자르려고요."

미용사는 분주하게 움직이던 손을 멈추고 그제야 아이와 나를 몇 번 번갈아 보았다. 그 눈빛, 무엇인지 알았다. 알지만 내게는 별 문제 아니라고 생각했다.

"아이 머리는 안 잘라요."

표정을 완전히 지운 얼굴로 미용사가 말했다.

"얘는 얌전하게 잘 잘라요, 염려 마세요."

나는 최대한 온화하게 웃어 보이며 아이의 머리를 쓰다듬었다.

"그건 어머니 생각이시고요. 다른 데 가 보세요."

당혹스러웠지만 그럴 수 있었다. 아이는 이사 오기 전 살던 아파트 단지의 상가 미용실에서 생애 첫 이발을 경험했다. 만 4세 무렵이었다. 그때 그 미용실에는 아파트에 살고 있는 초등학생들이 많이 드나들었기 때문에 어린이 손님을 거절하지는 않았다. 그래도 흔히 겪는 일인 듯 미용사는 아이 머리에 빗을 대기 전 이런 다짐을 받아 두었다.

"애기엄마, 아이가 너무 울면 깎다가 그만둬야 할 수도 있어요."

"여긴 어린이가 잘 안 오나 봐. 저기 가면 되겠다."

아이에게 이런 거절을 불쾌하게 받아들이거나 부당하게 여기는 모습을 보여 주고 싶지 않았기 때문에 일부러 더 벙긋 웃었다. 맞은편으로 열 발자국만 떼면 또 다른 미용실이 있었다. 그래서 나도 정말 괜찮았다.

"아이는 저희가 좀······."

20대로 보이는 젊은 미용사는 말끝을 흐리며 멋쩍게 웃었다. 기다리는 손님이 하나도 없어서 좀 더 용기를 내보았다.

"저희 아이 얌전한데, 안 될까요?"

"죄송해요."

직선으로 쭉 뻗은 골목 양옆으로 빼곡하게 늘어선 상점들 사이에 포기하지 말라는 듯 미용실들이 군데군데 간판을 내밀고 있었지만 손뼉을 마주쳐 주는 곳은 결국 한 군데도 없었다. 이 미용실에서 저 미용실로 옮길 때마다 내 얼굴에서도 서서히 표정이 지워졌다. 문틈으로 얼굴만 살짝 들이밀고 '아이 머리도 깎으시나요?' 묻고는 상처받을 새 없이 빠르게 미용사의 얼굴을 외면했다.

"여기는 다 대학생 손님들이라 어린이 받는 데 없을 거예요."

여섯 번째 미용실에서야 이윽고 이 골목을 깨끗이 단념하게 되었다. 좀 더 걸어가면 미용실이 두엇 더 있었지만 덥고 그야말로 짜증스러웠다. 아이와 내 행색 어디에 외지인이라는 표식이 있기라도 한 건지, 동네 사람들 모두가 한마음 한뜻으로 우리를 밀어내는 것 같았다. 불평을 쏟아 내기엔 어안이 벙벙하고 서러움도 막 차올라서 입술을 꾹 다물고 집 쪽으로 발길을 돌렸다.

아이는 정수리에서부터 후둑후둑 흘러내리는 비지땀에도 아랑곳없이 내 손을 잡고 묵묵히 걸었다.

"이쪽 미용실 사람들은 어린이 머리를 깎아 본 적이 없나 봐. 어쩔 수 없네. 다음에는 초등학교 근처로 가 보자. 우리 아이스크림 사 먹을까?"

아이스크림에도 별다른 반응이 없던 아이가 몇 걸음 더 내딛고서 문득 말했다.

"나는 가만히 잘 앉아 있는데 미용실 아줌마들이 다 안 믿네."

뭐라고 하면 좋을지 몰랐다. 상대는 아이였지만 이 기분으로 안 믿는 미용실 사람들을 흉보기 시작하면 험악한 말들을 마구잡이로 쏟아 낼 것만 같았다. 최대한 마음을 다잡아 새초롬하게 대답했다.

"그러게. 가만히 못 있는 아이들만 깎았나?"

그제야 아이가 나를 올려다보며 씨익 웃었다.

"이 어린이는 억울합니다!"

"아이스크림 먹자."

"엄마, 아이스크림 사고 집 옆에 있는 꽃집에서 마당에 심을 꽃도 사자."

"그래, 좋아."

우리는 딸기맛 쭈쭈바를 하나씩 입에 물고 다시 골목 끝에 이르러 모퉁이를 돌았다. 눈길이 닿는 곳에 꽃집이 있었다. 집에서 나와 대학교 반대편으로 걸으면 가장 먼저 만나게 되는 상점이었다. 가게 앞에 옹기종기 나와 앉아 햇볕을 쬐고 있는 화초들이 한결같이 예쁘고 건강해 보여서 언젠가 꽃을 산다면 여기서 사야겠다고 생각해 둔 곳이다.

"엄마 이거 예쁘다."

앞서 달려간 아이가 화분 하나를 가리켰다. 진달래색보다 짙고 선명한 분홍색을 가진 동전만 한 크기의 꽃들이 소복했다. 아이의 감상대로 예쁘고 참한 꽃이었다. 꽃 이름을 물어보려고 유리문을 통해 가게 안을 들여다보았을 때, 뭔가에 홀렸다는 게 이런 것이구나 싶었다. 나만 홀린 게 아니었다. 이사 온 지 한 달 남짓이지만 매일같이 이 앞을 지나다녔던 나와 남편과 아이, 그 누구도 눈치 채지 못했다. 여기가 꽃집이 아니라 미용실이라는 사실을.

고개를 들어 간판을 쳐다봤다. 커다란 가위가 그려진 간판에 버젓이 '미용실'이라는 글자가 적혀 있었다. 심지어 입구 옆 벽에는 원통 안에서 빨간색, 파란색, 흰색 띠가 뱅글뱅글 돌아가는

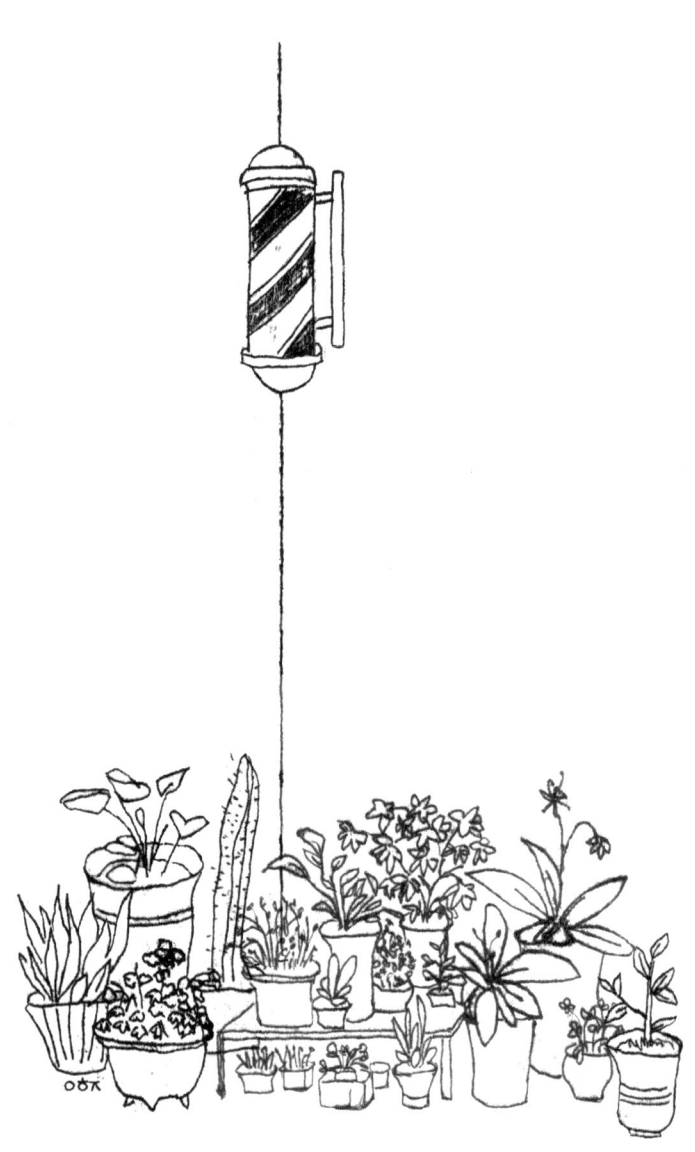

삼색회전 간판까지 달려 있었다.

일곱 번째 미용실 문을 열었다.
"혹시, 아이 머리도 해 주시나요?"
나는 꽃 이름 묻는 것은 까맣게 잊어버리고 속으로 덜덜 떨며 물었다. 손님 머리에 롤을 말고 있던 반백의 미용사가 돌아보았다.
"애기가 몇 살인데?"
반기는 기색은 아니었지만 부드러운 말투였다.
"여섯 살이에요."
내 뒤에 숨은 아이를 찾아 고개를 왼쪽 오른쪽으로 갸웃해 보던 미용사가 이윽고 결단을 내렸다.
"한번 들어와 봐요."
이렇다 할 슬픔도 없는데, 눈물이 글썽거렸다.
"들어가자. 머리 잘라 주신대."
"엄마, 여기 미용실이야?"

또 나만 엄마 없지

 다행히 첫째는 이사하면서 새로 옮긴 유치원을 좋아했다. 입덧이 꽤 있어 몸이 고단하고 엄마의 장례를 치른 지 얼마 되지 않아 시들어 가고 있는 줄 알면서도 나는 나를 내버려 두었다. 첫째가 유치원에 가면 정리가 덜 된 집을 조금 손보다가 잠이 들었다. 첫째가 돌아올 때까지 자고 또 자도 둘째는 배 속에 들어 있어 안심이니 계속 잤다. 어린 첫째가 눈치 보지 않고 이발할 수 있는 미용실을 찾은 그날 이후 더 잘 잤다. 의식주와 교육, 의료만큼이나 이발은 아이를 키우는 데 있어 중요한 요소였다.

 이웃에 첫째와 같은 유치원에 아이를 보내는 엄마가 있어 등하원 시간마다 셔틀버스를 기다리며 말을 섞게 되었다. 어린 아이가 둘 있지만 언제나 화사하게 꾸미고 외부 활동도 열심히 하는 부지런한 사람이었다. 보고 있으면 내가 나를 더 지극히 돌보지 않는 것이 한심하게 느껴질 정도였다. 아이를 셔틀버스에 태워 보내자마자 바삐 외출하는 그녀를 보며 어디를 갈까, 궁금했다. 이 지역에 정붙이고 오래, 어쩌면 죽을 때까지 죽지 않고 살 수 있으려면 나는 어디로 가면 괜찮아질까 싶었기 때문이다.

집에 돌아와 서둘러 등원한 아이의 흔적을 치우고 나니 또 거짓말처럼 잠이 쏟아졌다. 잠시 소파에 앉아 있다가 머리를 다시 묶고 품이 벙벙한 티셔츠로 갈아입었다. 배가 불러 보이지 않았다. 산뜻한 척 어딘가 다녀올 작정이었다. 미술관이나 서점, 아니면 도서관. 마트도 괜찮을 것 같았다. 집 근처 버스정류장을 지나는 버스들의 노선을 검색했다. 몇 번 버스를 타면 어디로 갈 수 있는지, 택시를 타고 가고 싶을 만큼 아름다운 미술관이나 분위기 좋은 서점이 있는지 찾았다. 찾는 동안 헛구역질이 올라와 몇 번 일어나 거실을 서성거렸더니 다시 졸음이 쏟아졌다. 나는 그만, 그냥 소파에 모로 누워 잠이 들었다.

"나는 왜 이럴까?"
퇴근해 돌아온 남편에게 오전의 일을 이야기하고 물었다.
"장모님이 안 계셔서 그래."
남편이 첫째를 번쩍 들어 올리며 대답했다.
알고 보니 그 엄마는 친가와 시가가 모두 가까워서 식구들에게 많은 도움을 받고 있었다. 급한 일이 있을 때나 남편과 오붓하게 주말을 보내고 싶을 때 언제든지 아이들을 맡아 줄 사람들이 주변에 있었다. 평소 양가를 왕래하면서 부모님 챙기는 모습을 보면 그 도움이 일방적인 것만도 아니어서 서로서로 필요할 때, 생각날 때 스스럼없이 어울릴 수 있는 가족이 가까이 있다는 자체가 참 부러웠다. 따돌리는 사람은 없는데 나만 느끼는 그 소외감을 다시 불러일으켰다. 결혼해 아이까지 낳은 30대 여자에게 친정엄마가 없는 건 이렇게나 드문 일일까.

"맞아. 또 나만 엄마 없지."

그 밤, 남편과 아이가 잠든 것을 확인하고 조금 울었다. 그리고 곧 결연한 마음이 되어 여기서 아이 키우는 일 말고 무엇을 하며 지낼 수 있을지 찾다가 인터넷 포털사이트 메인페이지에 노출된 낯익은 이름을 발견했다. 그 이름이 불러온 시절의 한 장면은 불특정 다수를 대상으로 상품을 소개하는 현재 그녀의 직업과 잘 어울리지 않는 것이었다. 고개를 갸웃하며 글과 경력을 살펴보니 내가 생각한 사람이 맞았다. 그때처럼 안경을 쓰고 있지 않을 뿐, 자세히 살펴보니 생김새도 맞다. 어느 반의 임원이었고 단정하면서도 밝은 기운이 느껴지던 아이. 고등학교 시절, 수업을 빠지고 이 대학 저 대학에서 주최하는 백일장에 참가하던 시기가 있었는데 그때 같이 한 번 갔던 게 기억났다.

함께 갔던 또 다른 친구도 있었는데 이름은 잘 기억나지 않았다. 백일장을 마치고서 그 친구 덕에 운전기사가 모는 고급 승용차를 얻어 타고 집에 돌아올 수 있어서 편했다. 자동차 안에서 친구의 아버지가 딸에게 우리를 '파티'에 데려가도 괜찮다고 말했다. 친구는 당시의 벽돌 핸드폰인가 아니면 자동차 안에 설치된 카폰인가를 내게 건네며 엄마께 전화해서 허락을 받아 보라고 했지만 거절했다. 나는 그날 처음 본 사람들과 어울려 파티를 즐길 만큼 사교성이 좋지 않았다.

집 앞에 내려 주고 멀어지는 자동차 위로 내가 그간 알고 있던 세계가 무너져 내렸다. 친구의 아버지에게 허리 숙여 인사하는 운전기사, 그런 운전기사에게 아저씨라고 부르는 친구, 1998년 자동차 안에서 자유롭게 쓸 수 있는 전화기, 그리고 집에서 파티 준비를 하며 딸과 남편을 기다리는 엄마. 이 모두를 가진 사람을 이날 태어나서 처음으로 만난 것이다. 외계인을 만난 것처럼, 경악스러울 만큼 놀라웠다. 다음 날 학교에서 그 아이를 아는 친구에게 물어보니 아버지가 대기업 임원이고 대단한 집안이라고 했다. 초대를 거절한 것이 조금 후회됐다. 나는 사교성이 좋지 않았지만 호기심은 강한 편이었다.

사실 그 집에 가지 않은 가장 큰 이유는 집에 전화해 봤자 받아 줄 사람이 없었기 때문이다. 전화를 걸어 엄마에게 허락을 받아야 하는데 그 시간 엄마는 직장에 있었다. 고등학생쯤 되면 일단 놀러 갔다가 엄마가 돌아올 무렵 연락하는 정도의 요령을 부릴 줄 알지만 내게 엄마가 집에 없다는 것은 일종의 치부였다.

초등학교 1학년 2학기에 전학 와 엄마들끼리 이웃하며 지내는 친구들 무리에 낄 수 없어서 좀 주눅 든 채 지냈다. 당시는 녹

색어머니회, 육성회뿐만 아니라 운동회나 교내 환경미화 따위에 엄마들이 자주 동원됐는데 바쁜 엄마가 이런 일로 학교를 방문한 적은 없었다. 이후 학급 임원을 하면서 친구들이 생겼지만 하교 후에는 언제나 혼자였다. '오늘 학교 끝나고 우리집에서 같이 놀래?'라고 물어보는 친구가 점점 줄어들었다. 꾀 없는 초등학생이던 나는 엄마에게 허락받을 방법이 없으니 얌전히 집에 있다가 시간 맞춰 학원에 가는 일정을 충실하게 따랐다. 물어봐도 '어차피 못 노는 아이'라는 인식표가 가슴 한복판에 크게 박힌 듯했다. 비 오는 날 우산 들고 마중 나온 친구의 엄마들을 부러운 눈으로 바라보는 아이, 그게 바로 나였다. 따돌리는 사람은 없는데 나는 소외감을 느꼈다. 나이를 먹어도 그 감정에서 벗어나기가 쉽지 않았다.

결연했던 마음에 소외감이 스치자 다시 눈물이 쏟아졌다. 이제 엄마를 영영 잃어버렸기 때문인지, 임신부의 호르몬 탓인지 가늠할 수 없었다. 찔끔거리다 자다, 울다 졸다 어영부영 아침이 밝았다. 눈은 조금 부었지만 세수를 하고 눈썹도 그리고 외출복을 찾아 입었다. 엄마는 없지만 어디 갈 데는 있는 여자처럼 보이고 싶었다.

일찌감치 아이의 손을 잡고 나와 셔틀버스를 기다렸다. 아니, 그 엄마를 기다렸다. '오늘 어디 가요?' 하고 그녀가 물으면 '네, 오늘은 점심 약속이 있어서요'라고 대답할 작정이었다. 멀리서 그녀가 아이와 함께 손을 흔들어 보이며 걸어오고 있었다. 나도 같이 손을 흔들어 인사하다가 그녀가 가까이 왔을 때 먼저 말을 건넸다.

"오늘 좀 피곤해 보이시네요."

그녀가 웃으며 대답했다.

"어제 막내가 새벽에 갑자기 깨서 우는 바람에 잠을 설쳤어요. 아유, 근데 윤재엄마는 조금만 꾸미면 되게 예쁠 것 같은데 왜 그러고 다녀요?"

왜 이러고 다니냐면

'예쁠 것 같은데 왜 그러고 다녀요?'라는 그녀의 질문에 나는 그저 웃었다. '두 시간에 한 번씩 토할 것 같고, 석 달 전에 엄마가 죽었기 때문이에요'라고 대답할 수는 없으니까. 그래도 홧김에 되묻고 싶지만 참았던 말이 있다. 내 꼴이 황량해 보인다는 건 나도 알지만 이러고 다니면 왜 안 되는지, 내가 이러고 다니는 게 무슨 공해라도 되는지.

좋다. 예쁨으로 치자면 나는, 20대에 연애를 수월하게 한 편이다. 과정이 수월했던 건 아니고 남자친구 구하기에 큰 어려움이 없었다는 의미다. 그렇다. 나 좋다는 남자 많았다. 진지하게 연애다운 연애를 했다고 할 만한 것은 두 번이지만 각종 썸들이 있었다. 덕분에 수급이 원활함에도 나와 기운이 맞고 상식이 통하는 사람과 연애할 확률은 복권에 당첨될 확률과 맞먹는다는 사실을 알게 되었다. 게다가 그런 사람과 결혼까지 하려면?

엄마바라기, 파티 중독자, 바람둥이, 젊은 꼰대, 마초, 몽상가, 초식남, 진지남, 열정남, 한량, 부잣집 도련님 등등. 나 좋다는 남자들을 3개월에서 길게는 몇 년 지켜보면서 세상엔 참 다양한 사람이 있구나, 새삼 느꼈다. 나의 기준만으로 누군가를 어떤 범주에 집어넣는 건 무례하고 위험한 일이지만 여하튼 내가 만날 남자니까 내 관점으로 판단할 수밖에 없었다. 내 선택이 어느 때는 어리석었고 어느 때는 괜찮았지만 결국 지금의 남자와 결혼까지 해 10년 넘게 살고 있으니 뭐가 됐든 이전의 선택은 다 틀린 것으로 하자.

요즘은 데이트 폭력이라 규정할 만한 일들이 꽤 자주 일어나는 듯하다. 20대 여성들이 많이 이용하는 커뮤니티에는 '안전이별 하세요!'라는 댓글도 심심치 않게 보인다. 다행히 나는 단 한 번도 그런 일을 겪지 않았다. 마초+진지남 타입이었으나 엄마바라기인 것으로 판명되어 헤어졌고(그의 엄마 때문에 내가 차였다), 키 크고 잘생기고 부자라 초면에 호감이 생겼으나 한량에 파티 중독이라 만남을 거절한 적도 있다. 초식남+몽상가 타입은 그냥 나와 기운이 맞지 않았고, 최악은 똑똑한 부자였는데 결과적으로 바람둥이어서 길 한가운데서 면전에 대고 그렇게 살지 말라고 소리친 적도 있다. 그래도 다들 거절을 잘 받아들이고 상대의 생각을 존중하는 사람들이었다고 본다. 모두 관심 있는 여자에게 그

것이 잠깐의 가식이라 할지라도, 성의 있게 호감을 표현할 줄 아는 사람들이었다. 단 한 사람만 빼놓고.

이 남자는 굳이 정의하자면 몽상가+진지남+젊은 꼰대+초식남 타입이었다. 한마디로 오묘했다. 그런데 이야기를 해 보면 잘 통하고 기운이 맞는 느낌이었다. 볼수록 호감은 무럭무럭 생기는데 어딘가 묘해서 선뜻 '나랑 만나 봅시다!'라고 말할 용기가 생기지 않았다. 연락도 하루 한 번의 문자가 전부였다. 나를 이성으로서 좋아하는 것 같기도 하고, 대화 상대로서 좋아하는 것 같기도 한. 그러던 어느 날 저녁을 같이 먹자고 해서 만났는데 이 남자 왈,

"우리가 이제 열 번을 만나 봤으니 정식으로 사귀는 게 좋겠어요."

기쁜 제안이었고 그래서 받아들였고 함께 웃었지만 이 또한 희한한 말이었다. 그동안 우리가 열 번이나 만났구나. 신중한 사람이네. 이 말을 하려고 열 번 만날 때까지 기다린 것인가, 열 번은 만나 봐야 안다고 여긴 것인가. 나로서는 여러 가지 생각이 드는 말이었다.

본격 연애가 시작되었지만 지난 열 번의 만남과 별다른 것은 없었다. 연락도 하루 문자 한 번, 전화 한 번으로 고정되었다. 기복이 없었다. 만나면 재미있고 편안했지만 헤어지고 나면 없는 사람 같았다. 스스로 나는 연락에 얽매이지 않는 편이라고 생각했는데 아니었다. 내가 마감에 쫓겨 매일매일 야근하고 새벽 두

세 시에 퇴근하는 일상을 반복 중일 때도 '어제 집에 잘 들어갔느냐, 늦은 시간 택시 타는 게 무섭지는 않느냐, 피곤하지 않느냐' 따위의 질문은 하지 않았다. 표현에 서툴렀다. 어제 내가 그렇게 늦게 퇴근했는데 걱정되지 않았느냐고 묻자, 지금 이렇게 통화가 되니 아무 일 없었던 것 아니냐고 되물었다. 일어나지 않은 일에 대해 미리 걱정하지 않는다고 했다.

그야말로 '나를 이렇게 대하는 건 니가 처음'이었다. 지쳐갔다. 하지만 현실과 반대로 나는 이 사람이 점점 신기하고 좋아져서 어느 날 데이트하고 헤어질 무렵 불쑥 이렇게 말했다.

"저기, 관심 좀 가져 주세요. 이러다 헤어지겠네."

이 말을 듣고 그 남자가 활짝 웃었다. 나 너한테 관심 되게 많은데, 라는 답답한 소리를 하며.

결국 나는 이 사람과 결혼했다. 말로 표현할 줄은 몰랐지만 심심할 만큼 밀당도, 기복도 없는 꾸준한 만남으로 문제 삼을 일이 없었다. 엄마는 딸이 결혼하겠다고 데려온 남자를 만나고 나서 이렇게 말했다.

"착해 보이긴 한데, 어쩐지 네 머리 꼭대기에 올라앉아 있을 사람 같다."

말없이 반달눈이 되어 웃고 있는 이 사람에게 묘한 느낌을 받은 건 엄마도 마찬가지였다. 엄마는 아빠를 선택해 결혼한 것으로 보아 젊은 날 남자 보는 눈이 없었던 게 확실하다. 그래도 그

경험을 바탕으로 딸이 만나는 남자에 대해서는 철저하게 경계했다. 결혼 후 사위의 끝날 것 같지 않은 긴긴 공부를 지켜보며 가끔 애달파 했지만 엄마도 마침내 이 사람을 좋아하게 되었다. 둘은 말이 잘 통하는 편이었고 함께 웃는 일도 많았으며 서로를 편히 여겼다. 내가 발견한 남편의 좋은 점을 엄마도 알아보았다.

엄마의 병이 깊어지고 병원을 자주 드나들기 시작했을 때 남편은 질병 관련 책을 이것저것 찾아 읽고 어떻게든 도움이 되려고 했다. 마지막 입원에서 엄마는 여전히 공부 중인 사위를 걱정했지만 믿었다. 남편은 틈날 때마다 병원에 가서 엄마를 돌봤고, 아이를 돌보느라 엄마에게 자주 가지 못하는 나에게 여러 이야기를 전해 주었다.

엄마가 입원하고 의식이 흐려지기 시작했을 때 친구네 아이를 맡기고 남편과 함께 병실을 지키던 날, 엄마의 친구들이 병문안을 왔다.

"딸 결혼하고 처음 보네. 자기 딸이 이렇게 예뻤어?"

한 분이 머리맡에서 이렇게 속삭이자 며칠 동안 아무 말 없이 누워만 있던 엄마가 어눌한 말투로 대답했다.

"그럼 우리 딸 예쁘지. 얼마나 예쁘다고……."

엄마를 돌보는 동안 한 번도 웃지 않던 남편이 그 말에 나를 쓱 쳐다보며 미소 지었다.

남편은 엄마가 돌아가시자 오빠보다 더 슬프게 울었다. 그리고 이내 자리를 잡아 이 지역에 정착했다. 간발의 차로 장모님에게 안정적으로 사는 모습을 보여 드리지 못했다며 내내 아쉬워했다. 우리 아이 말고, 시부모님 말고, 나의 엄마는 이 남자가 드물게 관심을 쏟은 몇 안 되는 사람 중 하나가 되었다.

"듣기 좋은 말만 하는 남자는 다 사기꾼이야. 말 한 마디로 천 냥 빚을 갚느니 그냥 몸으로 때우겠어."

요즘도 내가 따뜻한 말 한 마디와 관심을 구걸하면 설거지를 자청하며 남편이 곧잘 하는 말이다. 이제는 그만의 관심 표현법을 좋아한다. 단 한 가지 안타까운 점이 있다면 그 마음을 항상 뒤늦게 알아챈다는 것이다. 음악소리가 쾅쾅 울리는 헤드폰을 쓰고 상대가 보여 주는 몸짓만으로 정답을 맞혀야 하는 게임처럼. 엄마의 죽음 이후로 가끔 겁이 났다. 우리도 언젠가는 헤어지게 될 텐데 그때 또 너무 뒤늦게 서로에 대한 마음을 알게 될까 봐.

나의 예쁨은 결혼식과 함께 점차 빛이 바랬고, 나의 꾸밈은 엄마의 장례식과 함께 멈추었다. 내가 예뻐서 결혼한 남자와 원만한 생활을 지속하기 위해서는 예쁨 외에 다른 게 더 많이 필요했다. 타고난 예쁨은 원래 그런 것이고 결혼해 아이를 낳은 여자에게 사람들은 이해, 배려, 인내, 강인함의 속성을 모두 지닌 돌봄의 미덕을 더 많이 요구했다. 나를 드러내는 방식이 외모에 국한되어서는 안 됐다. 아이를 낳듯 죽어서도 남는 그런 것이 더 간절했다. 꾸밈은 돌봄과 노화에 시달리면서도 괜찮은 척하기 위해 수반되어야 하는 것이었다.

  천성이 게으른 편이지만 꾸며야 할 때는 꾸몄다. 하지만 엄마의 죽음과 함께 그냥 잊어버렸다. 처음부터 해 본 적 없는 일인 것처럼. 할 수 없었다. 모든 것이 새하얗게 지워졌다. 정말 나 아니면 아무도 지킬 수 없는 아이에 대한 동물적인 감각만 살아남았다.

  그런데 왜 그러고 다니냐는 이웃의 말 한 마디가 모든 감각을 두들겨 깨웠다. 신기하게 다시 괜찮은 척하고 싶은 마음이 들끓었다. 괜찮지 않을 때 의도 없이 건넨 말들에 상처받고 또 회복하기 위해 쏟아야 하는 에너지를 차라리 괜찮은 척하는 데 사용하는 게 낫겠다는 생각이 들었다. 그러면 위로받지는 못하더라도 고요할 수는 있겠다 싶었다.

  그렇다면 당장 내가 달려가야 할 곳은 어디인가?

더도 덜도 말고 미용실

 이웃에게 '왜 그러고 다녀요?'라는 말을 들은 그날, 나는 첫째를 유치원에 보내고 곧장 미용실에 전화를 걸었다. 그곳은 조그만 동네 미용실이지만 예약 손님만 받았다. 그래서 대부분 혼자 느긋하게 앉아 머리를 할 수 있었고, 간단히 이발만 하고 가는 손님과 겹치는 일이 있어도 그 수가 셋을 넘지 않았다.
 "어서 와요."
 마침 예약 손님이 없는 시간이라 곧장 미용실로 향했다. 미용실 원장님은 문을 열고 들어서는 나를 단번에 알아보았다.
 "으음! 그때 그 애기엄마구나. 애기는 유치원 갔어요? 저번에 애기가 어찌나 의젓한지 진짜 깜짝 놀랐다니까. 내가 미용실 30년 했는데 그런 애기는 정말 처음 봤어."
 내 머리칼을 이리저리 넘기며 살펴보는 원장님과 거울 속에서 눈이 마주쳤을 때 살짝 웃어 보였다. 화장기 하나 없이 부스스한 반백의 긴 머리칼을 질끈 동여맨 그녀의 모습은 도무지 미용을 업으로 하고 있는 사람 같아 보이지 않았다. 물레를 돌리며 흙덩어리의 형태를 잡기 위해 골몰한 도예가나 석고 먼지를 뒤집어쓰고 손에 든 조각도 끝에 온 신경을 집중하는 섬세한 조각가라면 어울릴까. 나이 들었지만 그 자체로 아름다운 얼굴이었다. 마론인형처럼 커다란 눈은 두릿두릿 살피는 경계심 가득한 느낌도, 그렇다고 사나운 느낌도 아니었다. 기다리는 고요한 눈.

"보기보다 흰머리가 많네. 어떻게 해 줄까요?"

"제가 임신 중이라 염색은 못하고, 그냥 짧게 잘라 주세요."

"아, 임신했어요? 그래서 그날 그렇게 힘들어 보였구나. 엄마가 얼굴에 핏기도 하나 없고 곧 쓰러질 것처럼 여리여리해서 난 어디 아픈가 했네. 입덧해요?"

"네, 조금."

"사실 애기 손님 잘 안 받는데 너무 피곤해 보이니까 마음이 약해지더라고. 근데 애기가 점잖아서 다행이었어요, 그죠? 길이는 그럼 이 정도?"

힘들고, 아프고, 피곤해 보였다는 것이 왜 그러고 다니냐는 먼 나라 말의 번역처럼 들렸다.

"네, 그때 정말 막막했는데 감사했어요. 주변에 미용실도 몇 군데 돌아다녀봤는데 어린이는 다 안 받으시더라고요."

원장님은 내 말에 씨익 웃었다.

"어린 애들 머리하는 거 엄청 힘들어. 모르는 사람들은 애기 머리 별로 자를 것도 없는데 이발비 반만 받으라고도 해요. 그런데 한번 잘라 보면 정말 진땀 나고 다리가 후들거린다니까. 자기네 집 아이처럼, 아참. 애기 이름이 뭐예요?"

"윤재요."

"그래, 윤재처럼 얌전하기만 하면 요금 깎아 달라고 안 해도 깎아 주지. 죄다 움직이고, 보채고, 울고. 울다가 토하고. 가위가 이렇게 날이 시퍼렇게 서 있는데 움직이다가 다치기라도 하면 어떻게 해. 30년을 했어도 애들 머리 자를 때는 손이 덜덜 떨려. 살얼음판에, 난장판에, 아이고. 난리도 그런 난리가 없어요."

빗과 가위가 부딪히는 소리와 사각사각 머리카락을 끊어 내는 가윗날 사이로 소소한 이야기들이 가만히 밀려 들어왔다. 원장님의 스무 살 넘은 두 딸. 오래 전 그 아이들을 임신했을 때 어떤 일들이 있었는지. 입덧이 심할 때 양배추를 먹으면 속이 한결 편안하다는 경험에서 우러나온 조언. 아이를 낳고 나면 모질(毛質)이 어떻게 변화하는지.

이야기를 듣는 거울 속의 나는 입꼬리가 축 늘어져 있었다. 눈꺼풀에도 탄력이 느껴지지 않고 핏기가 없다기보다 메마르고 얼룩덜룩한 낯빛이었다. 치렁거렸던 머리가 가위질을 할수록 단정해지면서 우울한 얼굴이 더 극명하게 드러났다. 이제껏 이런 표정이었던가, 나는. 말을 건네 보려다 삼키게 되는, 친절을 베풀어 보려는 사람에게 도리어 생채기를 낼 것 같은 그런 모습이었다.

"아휴, 이제 좀 생기 있어 보이네. 어때요?"

원장님은 뒷모습도 한번 보라며 손거울을 건넸다. 내게 익숙한 스타일은 아니었지만 원래의 나에게 조금 다가간 기분이 되었다.

스물다섯 이후로 숏컷에 가까운 헤어스타일에서 한 번도 벗어난 적이 없었다. 이전에는 허리까지 내려오는 긴 생머리 여학생이었지만 학업, 취업, 연애의 삼중고를 겪던 스물다섯 어느 날 냅다 소리를 내지르는 심정으로 머리를 잘라 버렸다. 뜻밖에 정말 잘 어울렸다. 주변 반응도 좋아서 미용실에 오래 앉아 있는 것이 늘 힘들었던 나도 기쁜 마음으로 이 스타일에 정착했다.

그런데 첫 아이를 낳고 나자 영양 상태가 부실했는지 짧은 머리가 번개 맞은 것처럼 죄다 뒤집어졌다. 출산한 지 얼마 되지 않았기 때문에 파마를 할 수 없어 다시 머리를 기르기 시작했다. 머리가 묶이기 전까지는 똑딱핀으로 흘러내리는 앞머리만 대충 고정해 두었고 머리가 묶이자 묶었다. 그냥, 질끈. 그때의 처연함을 뭐라 설명할 수 있을까. 때때로 머리를 자르고 싶은 마음이 들었지만 또 뒤집어질 것 같아 두려웠고, 기왕 견딘 것 등을 덮을 만큼 길러 보자 싶은 생각도 있었다. 내가 그저 한 마리 젖소인 것만 같던 그 시절, 다시 긴 생머리를 갖는다면 스물다섯 살 이전의 유쾌상쾌한 마음이 돌아올 것 같았다.

도대체 왜, 출산 이전의 생머리와 출산 이후의 생머리는 그 느낌이 다를까. 머리카락이 어깨선을 조금 넘었을 땐 침대 시위

(Bed-In for Peace) 시절의 존 레논 같다는 말을 들었고, 존 레논 라인을 견디고 등을 덮는 길이에 이르자 그의 배우자인 오노 요코 같다는 소리를 들었다. 누군가는 그냥 락커 같다고도 했다. 피부 탄력의 문제인지, 얼굴에 감도는 생기의 문제인지, 여하튼 긴 머리는 화장을 공들여 하지 않으면 더 이상 소화할 수 없는 헤어스타일이 되고 말았다. 아이를 돌보며 매일 화장하고 세팅기를 사용하기에 나의 체력은 너무나 보잘 것 없었다. 눈썹이나 그리고 다니면 다행일 만큼 게으른 천성이었다. 긴 머리 헤어스타일을 유지 중인 모든 엄마들이 진심으로 존경스러웠다. 이렇게 긴 생머리는 내가 온전히 나만을 돌볼 수 있던 시절을 상징하는 유물이 되었다.

견디다 못해 다시 머리를 자르기로 결심한 날, 윤재를 유치원에 보내고 곧바로 실행에 옮겼다. 정말 날아갈 것 같은 기분이었다. 스물다섯 이전은 되지 못했지만 아이 낳기 직전인 서른 즈음의 마음을 되찾았다. 일부러 예쁜 옷을 골라 입고 화장도 정성스레 한 후 아이의 하원 차량을 기다렸다. 아이의 반응이 기대됐다. 그러나 하원 차량에서 내린 아이는 입을 떡 벌린 채 얼음이 되어버렸다. 차량 선생님은 물개박수를 치며 환호해 주셨지만.

"머리카락이 긴 엄마가 더 예뻐. 짧은 머리 엄마는 남자 같아."

윤재는 집으로 돌아가는 길 내내 땅만 보고 터벅터벅 걷다가 결국 울음을 터뜨리고 말았다.

나도 엄마가 머리를 길게 길렀으면 하고 간절히, 간절히 바라던 때가 있었다. 엄마가 스물한 살쯤에 찍은 사진을 우연히 봤는데 긴 머리가 정말 잘 어울렸다. 연보라색 투피스를 입고 벚나무 아래서 긴 머리칼을 흩날리며 활짝 웃고 있는 순간이 무척 아름다워서 엄마가 그때의 모습으로 있어 주면 좋겠다고 생각했던 것 같다. 내가 커서 되고 싶은 모습을 엄마를 통해 보려 했는지도 모른다. 하지만 머리를 다시 길러 보라고 할 때마다 엄마는 한사코 어울리지 않는다고 말했다. 맞다. 이제 안다. 아마 그때는 어울리지 않았을 것이다.

그래도 엄마는 사는 내내 어깨에 좀 못 미치는 길이의 머리카락을 묶기도 하고 풀기도 하고, 파마도 하고 염색도 하며 지냈다. 참 한결 같아서 나는 엄마가 죽는 순간까지도 그 헤어스타일 그대로일 줄 알았다. 하지만 쓰러져 거동을 못하게 되면서 생각지도 못한 일이 벌어졌다. 간병인이 돌봄 편의와 위생을 위해 엄마의 뒤통수 쪽 머리카락을 바리캉으로 짧게 밀어 버린 것이다. 그 모습을 본 순간 가슴팍에서 무언가가 퍽 터져 온몸으로 번져 나갔다. 간병인은 오빠와 상의한 일이라고 했지만 마치 팔 한쪽이 떨어져 나간 엄마의 모습을 마주한 것 같은 충격이었다. 결혼을 하고 아이가 커 가는 속도와 비례해 짧아지고 간편해지던 엄마의 머리카락이었기 때문이다. 그 머리카락이 손톱만큼도 남아 있지 않았기 때문이다.

"윤재가 와서 보면 좋아하겠네, 엄마 예뻐졌다고."

원장님이 내 콧잔등 위에 떨어진 짧은 머리카락을 스펀지로 톡톡 털어 내며 말했다.

"감사합니다."

"친정은 여기가 아니에요?"

"네. 얼마 전에 이사 왔어요."

"어쩐지. 요 앞은 지나다니는 사람이 거의 정해져 있는데 얼굴이 너무 낯설더라고. 여기 되게 살기 좋은 동네야. 입덧 힘들다고 집에만 있지 말고 살살 걸어 나와서 여기 그냥 앉아 있다 가고 그래요. 아무 때나 와도 괜찮아."

"고맙습니다. 아이랑 또 올게요."

문을 열고 나서자 재스민 향기가 코끝에 스쳤다. 갈 곳이 없었는데 오라는 사람을 만났다, 아무 때나.

엄마 유니폼

 미용실에서 머리를 다듬은 날 이후 나는 처음 걸음을 배우는 아이처럼 동당거리며 매일매일 조금씩 더 걷고, 더 멀리 나갔다. 항상 들르는 마트 맞은편에 빵집이 생긴 것을 발견하면 다음 날은 새로운 경로로 그 빵집에 가 보고, 그 빵집 300미터 전방의 높은 건물 꼭대기에 걸린 서점 간판을 발견하면 다음 날 또 새로운 경로로 그 서점에 가 보는 식이었다. 입덧이 옅어질수록 걷는 거리가 더욱 늘어났다. 늘 다니던 길이라도 어느 편에 서서 어느 쪽으로 고개를 드는지에 따라 보이는 것이 달랐다.

 그러던 어느 날, 불현듯 돌아갈 일이 막막했다. '여기 지나 저기 너머' 식으로 걷다가 우연히 발견한 어린이도서관에서 책을 빌려 나왔는데 손이 무거워져서인지 집이 너무나 멀게 느껴졌다.

택시를 타야겠다 싶어 두리번거리니 바로 앞에 버스정류장이 있었다. 버스. 그게 뭐라고 가슴이 두근거렸다. 걷기에는 멀지만 택시 타기에는 못내 아쉬운 거리. 정류장에 멈춰 서는 버스 가운데 마침 집 방향으로 가는 버스가 있어 타 보기로 마음먹었다. 내가 타야 할 버스는 105번이었다.

 버스를 기다리며 이 정류장에 들르는 버스들의 노선을 하나나 살펴보았다. 어떤 버스는 이 지역에서 가장 큰 백화점 사거리를 지나 등산로 입구로 사람들을 실어 나르고, 기차역을 지나는 어떤 버스의 종점은 놀이공원이었다. 백화점, 산, 기차, 놀이공원. 모두 가 보고 싶었다. 떠나온 곳에서 하던 것처럼 백화점에서 이르게 내놓은 가을 코트를 구경하고, 산 중턱까지 올랐다가 파전이나 먹으러 도로 내려오고, 기차를 타고 다른 지역에 사는 대학 동기를 찾아가고, 남편과 함께 윤재를 데리고 놀이공원에 가서 긴 줄을 견디다 보면 여기도 별반 다르지 않겠다 싶었다. 이윽고 105번 버스가 정말, 왔다. 버스가 내가 걸어왔던 길을 되짚어 달리자 긴장이 풀렸다.

 얼마 지나지 않아 나는 본격적으로 버스를 타고 탐험을 시작했다. 아홉 개의 정류장을 지나면 나오는 산부인과에서 둘째를 출산하기로 결정한 것이 첫 탐험의 성과였다. 첫째를 가졌을 때는 출산까지의 모든 과정을 남편과 함께했지만 둘째는 쉽지 않았다. 새로운 직장에서 일을 막 시작한 남편이 산부인과 검진일에 맞춰 매달 반차를 쓰는 것은 내 생각에도 무리였다. 이럴 때 엄마가 있었으면 좋았겠다고 아쉬워하며 집에 축 늘어진 채로 검진을 차일피일 미루던 차에 만난 버스정류장 앞 산부인과였다.

산부인과에서 두 블록 더 걸어 올라가면 대형마트가 있었고 그 대형마트 맞은편에는 영화관도 있었다. 산부인과에 가면 겨울에 태어날 둘째를 상상했고, 검진을 끝내고 나와 대형마트나 영화관을 들를 때면 유치원에 간 첫째를 떠올렸다. 남편이 일 때문에 바쁜 주말이면 윤재와 둘이 버스를 타고 와 이 대형마트에서 밥을 먹고 장난감을 구경해야지, 재미있는 어린이 영화가 나오면 개봉 날짜를 기억해 두었다가 맞은편 영화관에서 봐야지, 하고. 새로운 장소를 발견할 때마다 내 가정의 사람들을 생각하기만도 바쁜 다행한 날들이 이어졌다.

남편이 일 때문에 바쁜 주말은 곧 찾아왔다. 나는 망설임 없이 윤재의 손을 잡고 버스에 올랐다. 윤재는 놀이기구를 탄 것처럼 버스를 즐겼다. 그러고 보니 윤재는 2년 전 마지막으로 시내버스를 탔다. 네 살 때였으니 버스를 탔던 기억 같은 건 이미 가물가물해졌을 것이었다. 신이 난 윤재를 보니 좋았다. 배 안에 든 둘째까지 아들 둘을 데리고 나들이 가는 소감은 꽤 든든했다. 달리는 버스 뒤로 밀려나는 풍경들을 하나라도 놓칠까 차창에 찰싹 붙어 밖을 내다보던 윤재가 혼잣말처럼 중얼거렸다.

"어, 서울할머니다."

버스가 정류장에 멈춰선 순간이었다. 거기 정말 엄마가 서 있었다.

아니, 엄마 같은 사람이.

누군가와 같아지거나 어딘가에 소속되기를 거부하는 심보는 타고나는 것일까, 나고 나서 만들어지는 것일까. 개인에게 그 집단을 대표하는 것 같은 사명감을 심어 주고 소속감을 강화하는 데 유용하다는 유니폼. 속한 집단이 남부럽지 않을 만큼 좋은 곳이라면 유니폼을 통해 나를 드러내고 싶기도 하다. 교복을 입던 학창시절에는 모두가 같은 옷을 입고 같은 곳에 모여 같은 공부를 하는 것이 갑갑하고 부조리하게 느껴졌다. 유니폼이 개인 행동을 차단하는 일종의 올가미 같았다. 하지만 대학교에 입학하고 사회적 서열화가 본격적으로 시작되면서 알았다. 대학교 야구점퍼와 다양한 직군에 종사하는 사람들이 입는 유니폼이 지닌 의미. 뜯어보면 씁쓸한 면도 있지만 인정하지 않을 수 없다.

내가 처음 유니폼을 거부했던 것은 유치원 소풍날이다. 엄마가 원복을 입어야 한다고 했지만 극구 노란색 원피스를 입고 가겠다고 고집을 부렸다. 엄마 손을 잡고 지나던 시장통의 한 옷가게에 걸려 있던 그 원피스는 단번에 나를 홀렸다. 원피스 전체를 겹겹이 휘감은 레이스가 비현실적으로 아름다웠다. 동화 속에 나오는 공주가 어딘가 존재한다고 굳게 믿었던 나는 이것이야말로 진정한 공주의 드레스라고 생각했던 것 같다. 공주가 이 시장에 와서 '어머, 이건 사야 해'라고 외치기 전에 내가 가져야 한다, 저것을 입으면 내가 바로 공주다!

 그 원피스를 얻기 위해 내가 무슨 짓을 했던가. 인생 처음이자 마지막으로 맨땅에 드러누워 사지를 휘저으며 눈물로 간절히 호소했다. 엄마는 무섭게 떼쓰는 나를 길바닥에 버려두고 저만치 앞서 걸어갔다. 하지만 엄마가 시야에서 사라지는 것이 두렵지 않았다. 그보다 원피스를 가질 수 없다는 두려움이 더 컸다. 얼마 지나지 않아 엄마가 돌아와 정말 이게 갖고 싶냐고 재차 물었다. 마침내 나는 원피스를 얻을 수 있었다. 꽤 비쌌다.

 소풍날 아이들 대부분이 원복을 입고 왔다. 하얀 면 티셔츠 아래 멜빵이 달린 자주색 반바지를 입고 무릎까지 오는 흰 타이즈를 신은 아이들. 유치원 이름이 수놓인 동그란 모자도 물론. 그 사이에서 레이스가 주렁주렁 달린 노란 원피스를 입은 나는 엄청나게 눈에 띄었다. 지금이라면 너무 부끄러워서 차라리 기절해 버리면 좋겠다 싶었겠지만 그때의 나는 무척 의기양양했다. 갑자기 키가 몇 뼘쯤 쑥쑥 자라난 나를 모두가 우러러보는 느낌이었다. 그렇게 세상 제일 예쁜 공주님 같은 모습으로 보물찾기를 하고, 줄다리기를 하고, 밀가루에 묻어 놓은 사탕을 입으로 물어 날랐다.

 소풍이 끝나고 집으로 돌아갈 무렵 내 기분은 최고였지만 원피스의 상태는 참혹했다. 여기저기 얼룩진 것은 물론, 원피스의 생명이라 할 수 있는 레이스가 군데군데 뜯겨 있었다. 그래도 엄마는 고집을 부려 혼자 튀는 옷을 입고 온 나를 부끄러워하지 않았고 비싸게 산 원피스가 몇 번 입지도 못하고 버리게 됐다며 나무

라지 않았다. 집에 돌아와 옷을 깨끗이 빨고 찢어진 레이스를 꿰매 주었을 뿐이다. 상황에 어울리지 않는 복장을 고집하면 이런 일을 겪는다는 교훈을 얻길 바랐을까. 위로의 말도, 당부의 말도 없었지만 엄마의 그 묵묵함 덕분에 그날 나는 정점의 행복감을 맛보았다. 나중에야 알았지만 그때 엄마가 나를 가만 두었던 이유는 그 원피스가 '처음'이었기 때문이다. 태어나 처음으로 무언가 얻기 위해 떼를 쓰는 딸이 밉기보다 신기했기 때문이었다.

 살면서 어딘가에 확실히 속해 있다는 느낌을 받아 본 적이 없다. 학교도, 회사도 빠지지 않고 성실하게 다니며 주어진 일을 열심히 해 성과를 내는 편이었지만 그렇다고 그 집단의 일원으로 온전히 받아들여지는 것 같지는 않았다. 비판하고 비판받는 것을 피하지 않았고 집단이 가진 고유한 분위기에 굳이 나를 맞추려는 노력을 하지 않았기 때문에 어쩌면 당연한 일이다. 그래도 그때의 엄마처럼 한 집단의 일원인 내가 아니라 그저 나로서 나를 보아 준 사람들이 있어 지금까지 무탈하게 지내 온 듯하다.

 태생이 아웃사이더라고 인정하고 자칭 아웃사이더라는 사람을 만나 결혼해서 새로운 소속사를 만들었다. 이제부터 나는 여기에 속한 사람이다, 이 가정 안에서는 내가 핵인싸구나 하고 좋아했다. 그러는 사이 엄마가 죽고 나의 전 소속사는 가뭇없이 허물어졌다. 사람들이 오빠나 나나 엄마가 건강하실 때 가정을 이루고 손주도 낳아 보여드렸으니 불행 중 다행이라고 위로했다. 당장 돌봐야 하는 어린 아이들이 있으니 눈코 뜰 새 없이 바빠서 엄마의 죽음은 빨리 잊히고 받아들여질 거라고 말했다.

그런데 나는 요즘도 거리에서 태연히 걸어가는 살아 있는 엄마를 본다. 하루에 몇 번씩 볼 때도 있다. 검은색 등산복 바지에 진베이지색 외투를 걸치고 적갈색 뿔테 안경을 낀 엄마. 목을 살짝 덮는 길이의 곱슬곱슬한 파마머리를 반묶음한 엄마. 엄마 세대의 아주머니들은 유니폼이라도 맞춰 입은 것처럼 어쩜 그렇게 다들 스타일이 비슷한지, 멀리서 보면 꼭 엄마가 한 번도 와 본 적 없는 우리 동네 골목 어귀에서 나를 기다리고 있는 것 같다.

가까이 가도 안 되고, 불러도 안 되고, 만져도 안 된다는 걸 안다. 꺾어진 길로 모습을 감출 때까지 가만히 보고 있어야 한다는 걸 안다. 태생이 아웃사이더인 내가 갖고 싶은 유일한 유니폼. 저걸 사 달라고 맨땅에 드러누워 사지를 휘저어도 시야에서 사라진 나의 핵인싸는 돌아오지 않겠지만.

그 차림새가 촌스런 유행에 불과한 게 아니라는 것쯤은 이제 안다. 젖먹이 아이를 키우기에 편리한, 하루에도 지구를 몇 바퀴씩 도는 것 같은 엄청난 활동량의 아이를 따라잡기에 편리한, 무섭게 자라나는 아이들을 먹이기 위해 지지고 볶기 편리한, 그런 차림새들. 이윽고 나이를 먹을수록 삐거덕거리는 무릎과 무거워지는 종아리, 금방이라도 몸 밖으로 탈출해 버릴 것 같은 허리뼈를 가까스로 견디며 다니기에 가장 편리한 차림새.

나 역시 엄마가 되어 아이를 위한 편리를 찾기에 급급한 처지가 되었지만 그 모든 것들이 당면한 상황에는 이로울지언정 내 마음에는 전혀 이롭지 않다. 엄마가 되었지만 엄마라는 역할을 받아들이지 못하고 엄마가 아닌 것처럼 살 궁리를 자주 한다. 엄마 유니폼이라는 것이 있어서 그걸 입기만 해도 엄마가 되기 전의 나는 말끔히 지워지고 온전히 엄마가 된다면 얼마나, 그것이야말로 진정 얼마나 편리할까.

"엄마, 저기 서울할머니 아니야?"
"아니야. 서울할머니는 하늘나라에 가셨잖아."
"우리 만나려고 다시 왔을 수도 있잖아."
"아니야. 그럴 수는 없어."
엄마는 온전히 엄마였을까.
버스가 다음 정류장을 향해 달리기 시작했다.

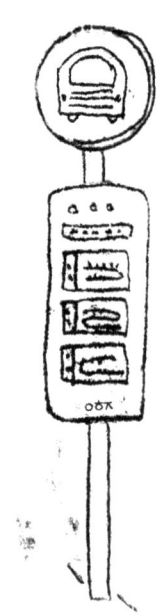

슬픔이 더러워서
놀랐다

 윤재의 서울할머니 목격 사건 이후 나의 생활 반경은 다시 좁아졌다. 어지간한 것들은 모두 배달시키고 꼭 필요한 경우가 아니면 나가지 않았다. 아이를 유치원에 보내고 나면 가만히 앉아 기억 속에 잠긴 채 낑낑대는 것 말고는 아무것도 할 수 없었다. 아니, 아무것도 하고 싶지 않았다.
 '어, 서울할머니다.'
 멀리서 엄마와 비슷한 옷차림을 한 누군가를 발견하면 나도 늘 엄마를 떠올렸지만 단 한 번도 입 밖으로 내어 본 적 없던 말을 윤재가 소리 내어 발음하는 순간 둑이 터져 버렸다. 그 말 뒤에 엮이어 있던 수많은 기억들이 한꺼번에 쏟아졌다. 그래도 마음껏 슬프고 싶지는 않았다. 내 슬픔의 바다에서 무엇을 보게 될지 이미 짐작하고 있었기 때문이다.

밤 열한 시 즈음부터 조문객의 발길이 뜸해졌다. 그 시간이 되면 오빠는 조의금함에 모인 봉투를 유가족 대기실 한가운데 쏟아 놓고 안에 든 돈을 꺼내게 했다. 나와 오빠가 봉투에 적힌 이름과 금액을 외치면 남편이 바쁘게 받아 적었다. 오빠와 새언니의 손님, 남편과 나의 손님, 아빠와 엄마의 손님으로 구분해 명단을 정리했는데 그 순간만큼은 모두 신속·정확하게 끝내기 위해 그 일에 몰두했다. 마지막에는 돈을 한데 모아 손가락 사이에 끼우고 한 장, 한 장 넘기며 그래서 총 얼마인지 세었다. 받아 적은 금액을 모두 더한 값과 일치하면 오빠는 대기실 한쪽에 놓인 금고에 돈뭉치를 넣으며 '다들 수고했어' 하고 말했다. 그러면 다들 칫솔을 찾으며 일사분란하게 잘 준비를 했다. 엄마의 죽음이 불러들인 돈 앞에서 엄마에 대한 이야기는 그 누구도 꺼내지 않았다.

대기실 바닥에 얇은 담요를 깔고 가만히 누워 남편이 코 고는 소리를 듣다 깜박 의식을 놓았다. 허공을 떠다니는 영혼이 있다면, 엄마의 영혼은 방금 전 조의금 봉투를 뒤적이던 우리들의 모습을 조망하며 무슨 생각을 했을까. 얕은 잠 속에서 상상하다가 문득 엄마가 흐느끼는 소리를 듣고 정신을 차렸다. 잠깐 산 사람인 양 엄마가 어디 갔는지 찾았다. 머리맡에 둔 휴대전화가 진동하는 소리였다. 모르는 번호였고 새벽 두 시가 좀 안 된 시간이었지만 얼른 받았다. 장례 기간 동안의 밤은 자정(自淨) 능력이 없어서 밝아 오는 아침 따위에 희망을 갖지 않게 만들었다. 밤도 지금, 새벽도 지금, 다음 날 아침도 지금이었다. 엄마가 애당초 존재하지 않았던 것처럼 깨끗이 소멸해 버려 어리둥절한 바로 이 지금만이 밤낮 없이 이어질 뿐이었다.

전화를 받자 '어, 저기……' 하고서 한참 머뭇거리던 목소리가 띄엄띄엄 말을 이어 나갔다.

"그러니까, 얘가…… 죽었어요? 어떻게…… 왜……?"

엄마의 휴대폰에 저장된 연락처로 부고 문자를 보내면서 엄마가 사회생활을 꽤 오래 했지만 정작 친구라 할 만한 사람은 많지 않다는 생각을 했다. 부고 문자를 받고 '고인의 명복을 빕니다'라고 간단히 답장해 온 사람도 여럿이었다. 이 와중에 새벽 두 시, 전화를 건 사람은 엄마의 고등학교 친구라고 했다. 엄마가 길을 가다가 누군가 아는 척을 해 봤더니 부산에서 살 때 친하게 지냈던 고등학교 동창이었다며 반가워하던 모습이 불현듯 떠올랐다. 이후로 드문드문 그 친구와 만났던 것도. 자초지종을 설명하고 나자 수화기 너머의 목소리가 한동안 잠잠해졌다. 긴 침묵, 그리고 한숨.

"내가 해외에 다녀오느라 문자를 지금 봤어요. 못 가 봐서 정말 미안해요."

통화를 마치고 나니 전혀 잠이 오지 않았다. 대기실 문을 살며시 열고 나가 향을 피우고 엄마의 영정사진을 물끄러미 바라보았다.

낮에 왔던 엄마보다 열 살 많은 둘째 이모는 영정사진이 마음에 들지 않는다고 타박했다. 좀 더 화사하게 나온 사진을 골랐어야 한다며 눈물 한 방울 없이 쯧쯧 소리나 내다가 다른 친척들과 한 테이블에 앉아 왁자지껄 떠들고 돌아갔다. 외가 식구 가운데 엉엉 운 사람은 엄마의 조카인 언니 하나뿐이었다. 엄마보다 열다섯 살이나 많은 첫째 오빠의 딸. 30대 어느 시절에 엄마에게 큰돈을 빌려가 떼어먹고 심하게 드잡이당한 뒤 소식이 끊긴 사람이었다. 언니는 상복을 입은 나와 눈이 마주치자마자 주저앉아 세차게 울었다. 엄마보다 다섯 살 많은 셋째 오빠의 아내, 그러니까 외숙모는 오빠와 내가 인사를 건네자 느닷없이 '너희 엄마와 아빠는 이혼하지 않았느냐'고 물었다. 곁눈으로 오빠가 무릎 위에 얌전히 올려놓았던 두 손을 그러쥐는 것이 보였다. 말이 좀 서툰 사람이었다. 오빠가 중학생이고 내가 초등학생이었을 때 외가 모임을 뷔페에서 한 적이 있었다. 그때 우리가 한 번 사용한 접시에 다시 음식을 담아 오자 외숙모가 엄마에게 애들이 뷔페 에티켓을 전혀 모른다며 평소에 뷔페 구경 좀 시키라고 면박을 주었다. 내 기억에는 엄마도, 나도 피식 웃고 말았던 것 같다. 그런데 내 옆에 앉은 오빠는 부들부들 떨며 끓어오르는 화를 어쩔 줄 몰라 했다.

  장례식이 슬픔의 경연대회는 아니지만 온전한 슬픔은 전혀 찾아볼 수 없는 것이 너무나 비현실적이었다. 저녁이 되어 오빠와 새언니, 나와 남편의 직장 동료들이 모여들자 장례식장 여기저기에서 웃음소리가 터져 나오기도 했다. 나도 내 손님이 오면 잠시 앉아 그간의 안부를 주고받으며 웃었다. 날이 밝으면 엄마를 불태우러 가야 하는데 말이다. 언젠가 죽어서 불에 타는 것도, 땅속에 묻히는 것도 무섭다고 했던 엄마를.

벽에 등을 기대고 앉아 향이 다 사그라들 때까지 엄마의 사진을 바라보았다.

"엄마. 엄마 친구한테서 전화가 왔어. 못 와서 미안하대."

화려한 꽃들로 주변을 장식한 영정사진을 앞에 두고 묵념하거나 절하는 게 다 무슨 소용일까. 진짜 엄마는 지하 1층 영안실 냉동고 안에 있는데. 죽어서 허물어진 귀와 콧등을 보았고 그 차가운 볼에 내 얼굴을 부볐는데. 그제야 눈물이 흘렀다. 영정사진 앞이 아니라 내일이면 타서 없어질 엄마 옆에 좀 있고 싶은 마음에. 엄마의 죽음이 불러들인 돈을 세고, 엄마의 죽음으로 찾아온 친구들과 시시덕거린 게 미안해서. 그리고 많이 슬프지 않은 게 슬퍼서.

윤재가 둑을 터뜨리기 전부터 나는 내 슬픈 마음의 바다가 얼마나 더러운지 알고 있었다. 이제 엄마를 영원히 만날 수 없다는 애달픔 속에 엄마와 함께했던 순간의 편린들이 떼 지어 떠다니는 바다. 나를 만들어 있게 하고 살도록 한, 그 신과 같은 존재인 엄마를 잃은 나의 슬픔이 왜 이렇게 순수하지 않은가 고민했다. 엄마를 향한 사랑과 고마움 말고 실망, 분노, 원망 따위가 바다 표면을 뒤덮은 기름띠처럼 막막하게 펼쳐져 있었다. 이런 것들이

녹아 사라지지 않고 부유하는 감정을 과연 슬픔이라고 부를 수 있기는 한가. 이렇게 깨끗하지 못한 슬픔 속을 과연 무사히 헤엄쳐 나갈 수 있을까. 슬픔을 잘 앓고 난 자리에는 긍정의 싹이 돋고 새로운 희망이 맺힌다는데, 나는 앓다가 생각지도 못한 기억에 부딪혀 슬픔도 아닌 그냥 더러운 바닥으로 아주 침몰할 것만 같았다.

기다릴게

아침도 먹지 않고 젖은 머리를 말리며 출근을 서두르던 남편이 말했다.

"오늘 저녁에 나 미용실 예약 좀 해 줘. 머리가 너무 많이 자란 것 같아."

한 세기 전 침몰한 어선처럼 집 안 한구석에 가만히 잠겨 있어도 식구들의 머리카락은 계속 자라났다. 자고 일어나면 사방팔방으로 뻗는 윤재의 머리카락도 그간 꽤 많이 자라 물스프레이로 눌러지지 않았다. 망설일 이유는 없었다.

"안녕하세요. 일곱 시쯤 윤재랑 윤재아빠랑 같이 이발할 수 있을까요?"

"나 여섯 시 반이면 문 닫는데. 좀 일찍 올 수는 없을까?"

"남편이 퇴근하고 곧장 와도 간신히 일곱 시라서요."

"그렇구나. 그럼 윤재랑 윤재아빠까지 온다니 내가 있어야지. 그때 와요, 기다릴게."

원장님은 '그럼'이라는 말 뒤에 한 치의 망설임도 놓지 않고 시원스레 예약을 수락했다. 오늘도 어제처럼 내 사전에 할 일은 있지만 해야 할 일은 없다는 식의 무기력한 상념에 젖어 있었는데 기다린다는 말을 듣자 더럭 정신이 들었다. 마음을 간지럽히는 낯선 말이었다. 누군가와 약속을 정할 때면 늘 '그래, 그 시간 거기서 만나자' 하고 말을 끝맺었다. '응, 기다릴게' 같은 대답은 별로 들어 본 적이 없다. 그랬던 것 같다.

기다린다는 말은 긴장을 자아내는 말이다. 유쾌한 긴장이든 불쾌한 긴장이든, 가벼운 긴장이든 무거운 긴장이든. 기다린다는 말을 그냥 지나칠 수 있는 사람은 많지 않을 것이다. 기다리는 사람을 실망시키고 싶지 않고, 계획했던 일이 그대로 이루어지길 고대한다. 짧은 통화 끝에 툭 던져진 미용실 원장님의 기다리겠다는 말 한 마디가 슬픔을 슬픔답게 간직하기 위해 몸 한 번 뒤채지 않고 그저 고인 채 두었던 마음의 바다에 미세한 파문을 일으켰다.

일곱 시에 맞춰 미용실에 가려면 남편은 오늘 꼭 정시 퇴근을 해야 했다. 예정에 없던 야근이나 회식이 생기면 곤란하다. 내가 어찌 할 수 없는 일인 줄 알면서도 괜히 걱정스러웠다. 대개 일곱 시쯤 저녁을 먹기 시작하는 윤재에게 오늘은 좀 일찍 밥을 해 주어야겠네. 저녁이 되려면 아직 한참 남았는데 머릿속이 갖가지 생각들로 버글거렸다. 저녁에 먹일 만한 것이 있나 싶어 냉장고를 열어 보았다. 달걀과 멸치, 김처럼 만만한 반찬이 몇 가지 있었지만 눈에 띄는 채소 반찬은 없었다. 아보카도. 며칠 전부터 윤재가 먹어 보고 싶다고 했던 게 떠올랐다.

"엄마, 아보카도를 기르려면 땅이랑 물이 엄청나게 많이 필요해서 다른 동물들이 잘 살 수가 없대."

유치원에서 환경교육을 했다던 날, 윤재는 느닷없이 이런 말을 했다. 땅과 물은 모든 식물에게 필수일 텐데 유난히 아보카도 때문에? 인터넷 검색을 해 보니 세계적으로 아보카도에 대한 수요가 급증한 탓에 칠레나 멕시코 같은 아보카도 산지에서 더 많은 열매를 얻기 위해 삼림지대를 무분별하게 개간하여 다양한 동식물들의 서식지가 파괴되고 있다는 이야기였다. 아보카도는 다른 작물에 비해 물도 많이 먹어서 건조한 기후인 산지 국가의 물 부족 사태까지 야기하고 있었다.

"와, 열매 하나 때문에 대단한 일이 벌어지고 있네."

아보카도에 대해 유치원에서 배운 것들을 함께 확인하며 감탄하는 와중에 윤재가 물었다.

"엄마는 아보카도 먹어 봤어?"

"응, 먹어 봤지. 근데 윤재 덕분에 이 이야기를 알았으니까 이제 안 먹어야겠다."

"나도 먹고 싶다. 먹어 본 다음에 안 먹고 싶다."

"그렇네. 엄마가 다음에 장 보러 갈 때 하나 사 올게. 아보카도가 뭔지는 알아야지."

"고마워. 기다릴게."

윤재도 그랬다. 기다린다고. 윤재의 이 말에는 왜 가슴이 뛰지 않았을까. 날과 시간을 정한 약속이 아니어서였을까. 내 손가락처럼 매일 붙어 있는 사이이기 때문일까. 손톱에 매니큐어를 바르고 싶다고 해서 손가락과 무슨 요일 몇 시에 어떤 색 매니큐어를 바르자고 약속하지 않는 것처럼. 계획했다 한들 어차피 내 것이니 마음이 동하지 않으면 쉽게 지나치는 것처럼.

근처 청과물 가게에 들르려면 미용실 앞을 지나야 했다. 무심한 척 지나며 미용실 유리벽 너머를 건너다 보았다. 파마 로드를 들고 기계적으로 손님 머리를 말고 있던 원장님과 눈이 마주쳤다. 엉거주춤 고개를 까닥해 보이고 만 나와 달리 원장님은 머리 위로 손을 크게 휘저어 반갑게 인사했다. 나도 모르게 손을 들고 마주 흔들 뻔했다. 아주 조금 기분이 들떴다. 아무리 오래, 멀리 걸어도 먼저 알은체하는 이 하나 없던 이곳에 나를 나로 인식하는 사람이 생긴 것이다. 인식. 받아들이고, 저장하고, 그것이 무엇인지 아는 것. 예약한 시간이 되려면 아직 한참 남았지만 어쩐지 원장님이 내가 여기서 계속 기다리고 있으니 마음 놓으라고 신호하는 듯했다.

한껏 장을 보고 와 몇 가지 반찬을 만들고 나니 금세 윤재가 돌아올 시간이 되었다. 잘 익은 아보카도 한 알을 주머니에 넣고 윤재를 마중 나갔다. 어서 오면 좋겠다. 솔직히 때때로 윤재가 유치원에서 돌아오는 시간이 반갑지 않았다. 특히 내가 좋아하는 일에 몰두하고 있을 때면 간신히 붙잡은 이 호젓함을 내 손으로 물리쳐야 한다는 현실에 화가 날 지경이었다. 당연한듯 유치원이 끝나면 언제나 나에게 돌아오는 그 아이를 기다린다기보다 공부도 제대로 못했는데 피할 수 없이 시험지를 맞닥뜨린 심정이 되곤 했다. 하지만 오늘은 아니다. 충분히 준비가 되어 있고 어떤 시험문제가 나올지 궁금해 못 견딜 만큼이다. 윤재가 아보카도를 보고 어떤 표정을 지을지, 어떤 말을 할지 기대됐다.

이윽고 도착한 유치원 버스에서 졸린 눈을 간신히 뜨고 있는 윤재가 내렸다. 나는 선생님과 작별 인사를 하고 아쉬움 가득한 표정으로 멀어지는 유치원 버스를 바라보던 윤재의 어깨를 덥석 잡았다.

"윤재야, 엄마가 뭐 가지고 왔게?"

"뭔데? 나 졸려, 엄마."

주머니에서 아보카도를 꺼내 윤재에게 내밀었다.

"우와!"

윤재의 눈이 반짝 뜨였다.

"이게 바로 아보카도야!"

나는 의기양양하게 외쳤다. 윤재는 아보카도의 우둘투둘한 표면을 문질러 보고 요리조리 살피며 계속 감탄했다.

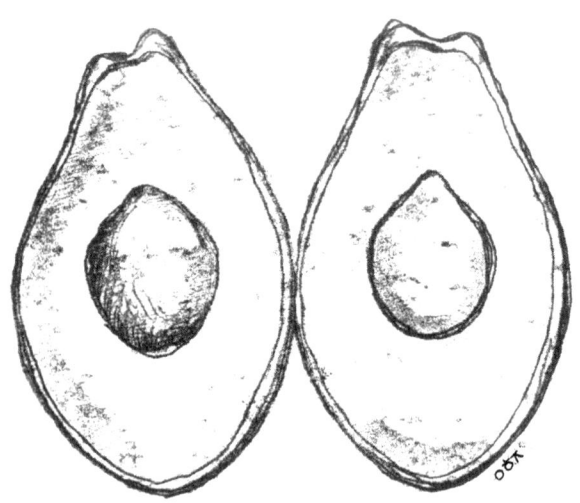

"저번에 내가 먹고 싶다고 해서 산 거야? 이거 오늘 먹어?"

윤재의 반응에 기쁘고 뿌듯했다. 신났다.

"그래, 엄마가 약속을 지켰어."

집에 돌아와 윤재를 씻기고 윤재가 보는 앞에서 아보카도 껍질을 벗겼다. 한가운데 박힌 크고 동그란 씨앗을 윤재의 손에 쥐어 주고 과육은 얇게 저며 입속에 넣어 주었다. 혀로 조금씩 짓눌러가며 아보카도 맛보기에 열중하던 윤재가 문득 울상이 되어 말했다.

"먹어 본 다음에 안 먹으려고 했는데, 이렇게 맛있는 걸 어떻게 참지? 1년에 하나씩만 먹을까? 어떻게 하지, 엄마?"

처음 먹어 본 아보카도가 꽤 입에 맞는 모양이었다. 무심하게 그럼 그냥 계속 사 먹자 하고도 싶었지만 아보카도 이야기가 유치원에서 듣고서 나에게까지 와 전할 만큼 인상적이었던 것일 텐데 이대로 지나쳐서는 안 될 것 같았다.

"그럼 이 아보카도 씨앗을 심어서 우리가 키워 볼까?"

곰곰히 생각한 끝에 내린 결론이지만 아보카도 싹을 틔울 자신은 정말 하나도 없었다. 하지만 윤재의 머릿속에는 이미 제 키보다 큰 아보카도 나무에 사다리를 놓고 올라가 아보카도 열매를 수확하는 모습이 그려지고 있는 듯했다.

"와, 진짜 좋은 생각이다. 나 그 정도는 기다릴 수 있어. 내가 심고 물 줄래!"

다행히 미용실 예약시간에 늦지 않게 퇴근한 남편이 집에 들러 윤재를 데리고 다시 나갔다. 남편과 윤재가 없는 한 시간 동안 나는 열심히 아보카도 키우는 법을 알아보았다. 그 단단한 씨앗부터가 쉽지 않아 보였지만 어쨌거나 해내야 하는 일이었다. 윤재가 기다리기 때문이다.

이발을 하고 멀끔해져 돌아온 두 남자의 손에 작은 꽃화분이 들려 있었다.
"이거 미용실 원장님이 당신 주라던데. 채송화래."
꽃집인 줄 알았던 곳이 미용실이었음을 알게 된 날, 가게 앞에 놓여 있던 그 화분이었다. 진달래색보다 짙고 선명한 분홍색을 가진 동전만 한 크기의 소복한 꽃들.
"아, 이게 채송화구나."
"채송화 이름만 들어 봤지 실물은 나도 처음 본다. 이게 들꽃이라서 마당에 심으면 금방 번질 거래. 꽃에 대해 잘 아시더라고."
"꽃을 엄청 좋아하시나 봐. 우리 줄곧 거기가 꽃집인 줄 알았잖아."
주머니에 손을 넣은 채 아빠 옆에서 몸을 배배 꼬고 있던 윤재가 말할 틈을 포착하고 대뜸 끼어들었다.
"그런데 엄마 나 있잖아. 이거 지금 먹어도 돼? 원장님이 머리 잘 깎는다고 주셨는데."
주머니에서 꺼내 내민 윤재의 손바닥 위에 딸기맛, 포도맛 카라멜이 나란히 놓여 있었다.

살려야 한다

 5년 전 동네 화원에서 아무 계획 없이 데려온 행운목이 하나 있다. 목대의 길이는 내 손바닥만 하고 만세를 부르는 것처럼 양쪽으로 작은 잎을 두엇 낸 녀석이었다. 개 알레르기가 있는 윤재가 동물을 기르고 싶어 하기에 작은 물고기를 키우기 시작했는데 넓은 수반이 허전하던 차에 함께 놓아두면 괜찮겠다 싶어 충동적으로 샀다. 행운목을 동그란 수반 한가운데 놓으니 그제야 좀 물고기 사는 집 같아 보였다. 수반 바닥에 작은 자갈을 깔고 인공 수초도 꽂아 보았지만 무언가 부족한 기분을 떨칠 수 없었는데 행운목이 그 빈 곳에 꼭 들어맞았다.
 "물고기 집에 지붕이 생긴 것 같아."
 행운목 주위를 빙빙 돌고 가끔 목대를 쪼기도 하며 헤엄치는 물고기들을 오랫동안 바라보던 윤재가 가만히 중얼거렸다. 지붕.

물고기가 지붕 있는 집이 필요한 동물은 아닌데, 내게 필요한 게 그것일까 싶었다. 지붕이 주는 안전과 안락.

   결혼을 하고 4개월 만에 주말부부가 되어야 했다. 남편은 공부를 하러 다른 지역으로 떠났고 나는 14평짜리 원룸에서 다니던 회사를 계속 다녔다. 늘 계획하지만 대체로 계획대로 되지 않는 연구와 실험을 위해 우리는 2년 동안 일주일에 한 번 만나기도 하고 한 달에 두 번 만나기도 하며 부부 행세를 했다. 나는 그 기간 동안 열심히 일했다. 벌이 없이 공부하는 남편에게 부담을 주고 싶지 않은 애틋한 마음 때문이기도, 언젠가 갖게 될 아기를 향한 책임감 때문이기도 했다. 덕분에 한 차례 연봉이 오르기도 했지만 그 시간 동안 내 몸은 크게 상했고 아기도 생기지 않았다. 결단이 필요했다. 이대로 일을 그만두고 남편이 있는 곳으로 가면 곤궁한 생활이 펼쳐질 게 뻔했다. 그러나 다른 방법이 없었다.

   남편이 있는 곳으로 가 처음 3개월 동안 모든 시름을 잊고 편히 지냈더니 금방 아기가 생겼다. 기뻤지만 그도 잠시, 아기가 태어나기 전에 조금이라도 더 돈을 모아 두어야 한다는 조바심이 솟았다. 내 사정을 아는 예전 직장 동료들이 집에서 할 수 있는 일을 조금씩 맡겨 주어 출산 직전까지 밤낮으로 일했다. 얼마 되지 않는 돈이지만 그것으로 생활도 하고 아기를 맞이할 수 있게 되어 좋았다. 문제는 아기가 태어난 뒤였다. 타지에서 그 누구의 도움 없이 갓난아기를 돌봐야 하는 나는 더 이상 일을 할 수가 없었다. 엄마가 가끔 찾아와 거들어 주었지만 떠나고 나면 이전보다 더 깊은 외로움에 빠져들었고 처절한 경제적 상황 때문에 자주 불안에 떨었다. 이 와중에 남편의 공부란 것은 더욱 바빠져서 집에 들어오지 않는 날이 많았고 주말에도 완전히 쉬지 못했다. 다시 서울로 돌아갈까 궁리하다가도 아빠를 너무나 좋아하는 윤재의 모습과 딸의 직장생활을 위해 손자를 돌봐야 하는 처지에 놓일 엄마를 생각하면 쉽게 마음을 정할 수 없었다.

어영부영 그렇게 뭉갠 것이 3년이다. 피폐한 그 시간을 견디고서야 부부와 아이 하나가 함께 서울로 돌아올 수 있었다. 서울에서 직장생활을 시작한 남편이 벌어오는 생활비가 통장에 안정적으로 쌓이고 얼마 지나지 않아 물고기 몇 마리와 행운목도 같이 살게 되었다.

같은 서울 하늘 아래 있게 되자 엄마를 더 자주 만날 수 있었다. 윤재는 외할머니의 예쁨을 받으며 순조롭게 첫 사회생활을 시작했고 아이가 어린이집에서 시간을 보내는 동안 나도 집에서나마 다시 일할 수 있게 되었다. 부득이 외출해 사람을 만나야 하는 일이 생겨도 엄마에게 윤재를 맡기면 해결이니 전혀 부담될 게 없었다. 남편이 학회 등의 일로 일주일씩 집을 비워도 크게 불안하지 않았다. 엄마와 한집에 사는 것도 아닌데 '같은 서울 하늘 아래'가 가진 힘이 그랬다. 대책 없이 육신을 살찌우는 뛰어난 음식 솜씨를 가지지도, 마음을 어루만지는 따뜻한 말 한 마디

건넬 줄도 모르는 엄마였지만 그저 곁에 있음으로써 내가 온전히 나로 존재할 수 있는 기회가 되어 주었다.

행운목도 물고기들이 곁에 있어 준 덕분인지 하루가 다르게 새잎을 내밀었다. 초등학생 시절 누구나 한 번쯤 쉽게 키워 보는 봉숭아며 강낭콩조차 내 손길이 닿는 순간 무사하지 못했는데 이 행운목은 전례를 따르지 않고 무럭무럭 자라 뿌리까지 뻗기 시작했다. 얼마나 무성하고 여문 뿌리였는지 밤마다 물고기들이 그 뿌리 사이에 몸을 숨겼고 새끼를 낳았다. 이름을 지어 부르고 싶은 생애 첫 식물이었다. 그러던 어느 날 엄마가 물속에 뿌리를 촘촘히 펼치고 있는 행운목을 보고 감탄하며 말했다.

"행운목은 뿌리가 나왔으면 흙에 심어야 해. 그래야 더 잘 자라."

살면서 엄마의 말대로 고분고분 따른 일이 별로 없었는데 그때는 무슨 마음이 들었는지 즉각 실행에 옮겼다. 엄마의 말대로 흙에 뿌리를 파묻게 된 행운목은 건강한 초록색 광택이 도는 이파리를 뿜어내듯 올리며 커 갔다.

그로부터 2년 뒤 엄마는 불현듯 죽었다. 엄마의 죽음과 거의 동시에 윤재와 우리 부부는 행운목과 함께 서울을 떠나 이 지역, 마당이 있는 이 집에 정착했다. 서울이든 어디든 하늘 아래 엄마가 없는 채로 지내야 하는 현실은 생각보다 훨씬 더 가혹했다. 지붕 뜯긴 집에 사는 사람처럼 시시때때로 몰아치는 비바람과 눈

보라를 온몸으로 막아서야 했는데 내 몸 아래 옹크리고 있는 윤재 때문에 비켜설 수도 없었다. 해 오던 일과 관련한 좋은 제안이 들어와도, 오랜 친구들과 나눠야 하는 기쁨과 슬픔이 생겨도 나는 이곳에서 한 발짝도 움직일 수 없었다. 그러니까 나의 지붕이 엄마였듯, 내가 윤재의 지붕이 된 것이다.

행운목은 바뀐 터전에서도 화분의 크기를 키우며 날로 자라났다. 기특한 마음에 따사로운 햇볕과 신선한 바람을 선물하려고 어느 화창한 봄날 물을 푹 주고 반나절쯤 마당에 내놓았다가 들였는데 바로 다음 날부터 상태가 심상치 않았다. 매끈하고 탄력 넘치던 초록 이파리들이 힘없이 늘어지고 잎끝이 노랗게 타들어 갔다. 깜짝 놀라 여기저기 찾아보니 행운목은 온도가 비교적 일정한 실내 반그늘을 좋아하고 직사광선에는 취약한 식물이었다.

급히 타 버린 잎을 정리하고 원래 있던 자리로 행운목을 옮긴 뒤 이대로 죽을까 노심초사하며 매일매일 주의 깊게 지켜보았다. 그러는 동안 이상하게 자꾸 엄마 생각이 났다. 엄마가 그때 뿌리를 뻗은 행운목을 흙에 심으라고 말해 주지 않았다면 이 녀석은 어떻게 됐을까. 애당초 강인한 생명력을 타고난 녀석인지도 모르지만 나의 무심함 탓에 계속 물고기들과 함께 지내다 밑동에 곰팡이를 피우고 버려졌을 것이다. 행운목을 오늘까지 살게 한 건 어쩌면 엄마일지도 몰랐다. 문득 윤재와 남편과 내가 엄마와 어울려 서로에게 적당한 편리를 제공하고 다 함께 안락했던 그 2년을 같이 보낸 행운목이 소중한 가족처럼 느껴졌다. 엄마가 내게

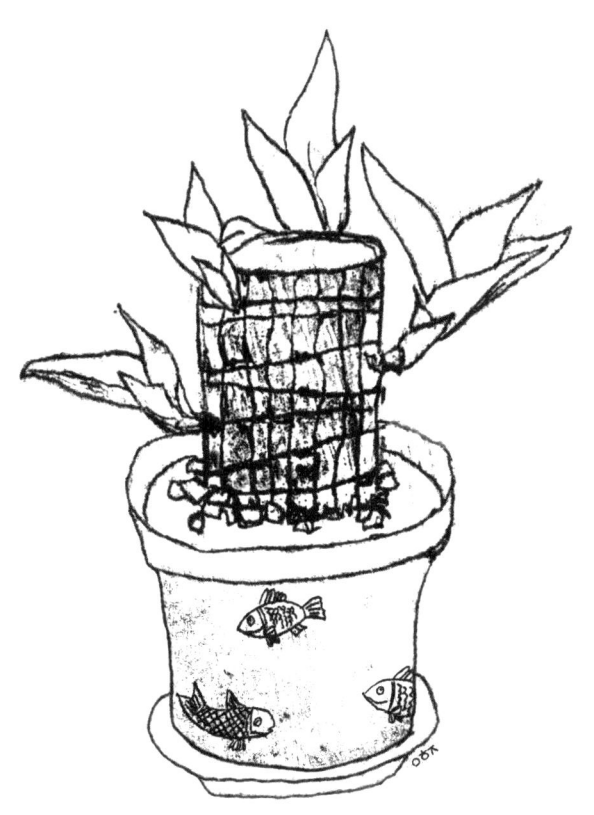

남긴 지붕, 아니 때때로 불어와 마음을 시리게 하는 바람을 막아 줄 우산 같았다. 그렇게 생각하고 나니 뭘 더 어떻게 돌봐야 하는지 모르지만 여하튼 무조건 살려야 한다는 집념이 끓어올랐다.

  미용실 원장님이 남편을 통해 내게 준 채송화 화분은 행운목 옆에 두었다. 행운목은 죽을 고비를 넘긴 그날 이후 다시 힘을 내어 새 잎을 뽑아 올렸다. 타 버린 이파리를 모두 잘라 낸 탓에 풍성한 멋이 다소 사라졌지만 끝내 살아 주었다. 원장님이 준 채송화는 어떻게 하면 좋을까. 살릴 수 있을까. 들꽃이라 양지바른 마당에 심어 두면 알아서 잘 자란다고 했지만 어쩐지 어렵다. 언제 장마가 시작될지 모르는 이 계절에 채송화를 마당에 심고 나면 몸은 집 안에 있어도 마음은 바깥을 밤낮으로 서성이고 있을 것 같았다. 겨울이 되어 다 시들어 버리면 다음 해 여름까지 과연 꽃이 다시 필까 전전긍긍하며 지낼 게 뻔하다.

  행운목 옆 채송화 옆에 동그란 아보카도 씨앗. 이것도 문제다. 알아본 바로는 아보카도 씨앗에서 싹을 얻는 일부터가 쉽지 않았다. 5년을 애써 키웠지만 열매는 끝내 보지 못했다는 이야기도 들었다. 윤재와 아보카도 나무를 키워 열매를 따 먹자고 결의했지만 예상보다 난관이 많은 식물이었다. 어쨌든 무슨 수를 써서라도 다, 살려야 한다. 추억과 선의와 약속이 담긴 생명들이기에.

2부.

씨 워킹

바다 산책

나.

엄마가 되기 전의 나는.

눈치를 많이 보고 두려움이 많아 착한 아이라는 착각에 빠지게 하는 딸이었다. 교수나 의사가 될 만큼 공부를 잘했거나 피아노 연주에 뛰어난 재능을 보였더라면 엄마의 아주 큰 자랑이 되었을 텐데 그러지 못했다. 엄마의 딸이 아닌 그저 나로서는 남의 지적이나 간섭을 받는 것이 수치스럽고 불쾌해서 성실한 아이라는 착각에 빠지게 하는 사람이었다. 책과 가사 읽기를 참 좋아했고 글쓰기에 소질이 있는 듯했다. 교내 백일장이나 대학 주최 백일장, 지역 백일장에서 심심치 않게 입상했고 대학교도 그 덕에 학과 수석으로 입학했다. 그래도 이 분야에서 최고라고 인정받아 본 적은 없다. 엄마도 내가 가진 이 소박한 능력을 특별한 재주라고 보진 않았던 것 같다.

교사 임용고시와 공무원 시험에 관심이 없지 않았지만 나는 출판 편집자가 되었다. 편집자가 되어 내 손으로 만든 책을 보란듯이 집에 가져갔지만 엄마는 책에 대해 딱히 묻지 않았다. 그때만 해도 책 만드는 일을 한다고 말하면 모두가 호기심을 보이고 신기하게 여겼다. 하지만 엄마는 안 그랬다. 엄마와 함께한 삶 내내 그런 것들이 섭섭했다.

사랑받고 싶었던 것 같다. 왜냐하면 나는 이유 없이 엄마가 좋은 존재로 태어났기 때문이다. 그래서 당연스레 엄마도 나를 좋아해 주었으면 하고 바라는 존재로 만들어졌기 때문이다. 하지만 느껴지지 않았다. 느끼고 싶었지만 느끼기 위해 비위를 맞추며 살지는 않았다. 엄마도 그런 나를 그냥 두었지만 섭섭하게 생각했다. 우리는 섭섭한 채로 각자의 삶을 살았다.

알고 보면 엄마가 정말 섭섭하게 생각한 사람은 아빠였다. 아빠는 모든 섭섭함을 한순간 해소할 수 있는 알약을 쥐고 있었는데 끝내 내놓지 않았다. 부부란 그런 것이다. 가정이라는 무대의 주인공이고 아이들은 단지 관객일 뿐이다. 관객의 심상을 온화하게 물들일지, 건강한 문제의식을 향해 깨어 있도록 할 것인지, 그저 물 뿌리고 침 뱉으며 스스로를 모독하게 만들 것인지는 주인공이 보여주는 퍼포먼스에 달려 있다. 결국 오빠와 나는 자기 한 몸을 책임지는 데 아주 강력한 힘을 갖게 된 대신 표현하고 나누는 사랑에는 한없이 가난한 사람이 되었다.

내 한 몸 책임지는 것도 쉬운 일은 아니었다. 대학을 다닐 때나 회사를 다닐 때 홀로 무언가를 결정해야 할 일이 생기면 나는 지하철이나 버스를 타고 이리저리 흐르며 계속 생각했다. 막차만 아니라면 지하철이나 버스는 여러모로 참 좋았다. 마음먹고 나면 그곳이 나의 목적지가 아니더라도 언제든 다시 제자리로 돌아갈 수 있기 때문이다. 시간이 조금 더 걸릴 뿐이다.

윤재를 유치원에 보낸 그 길로 바로 버스를 탔다. 오랜만에 타는 버스다. 예전처럼 도서관에 자리 잡고 앉아 느긋하게 공상하고 싶은 마음에 외출을 감행했다. 행운목, 채송화, 아보카도 같은 것들에 대한 책임감이 생기니 식물의 습성에 대해 알기 쉽게 써 놓은 책이 있는지 좀 보고 싶기도 했다. 하지만 도서관은 언제나 찾아온 사람의 마음을 먼저 읽는다. 책장 앞에 서자 '지금 식물이 중요해?' 하면서 눈앞에 맞춤한 책 한 권을 툭 내놓는다.

"슬픔은 일어나지 않을 모든 좋은 일 때문에 느끼는 감정이기도 하다."

−론 마라스코·브라이언 셔프, 《슬픔의 위안》(2012, 현암사)

구원 같은 제목의 책을 골라 펼치자 눈에 띈 문장 위로 '그리움'이라는 단어가 냇물 위에 떨어진 시든 나뭇잎 한 장처럼 천천히 떠가는 것이 보였다. 좋든 안 좋든 어떤 일이 더 이상 일어나지 않는다는 것은 있던 무엇인가가 증발해 버렸다는 의미리라. 그렇다면 어떤 일이 벌어지기 위해 꼭 있어야 할 것들은 무엇일까. 맞은편에서 나를 바라보는 상대, 내가 처한 상황이나 환경, 그 안에서 일어나는 모든 상호작용. 어느 날 갑자기 이 가운데 하나라도 사라지면 우리를 둘러싼 공기가 적막으로 서서히 물들 것이다. 적막. 고요하고 쓸쓸함. 적막을 들이마시며 사는 삶 속에서는 운이 아주 좋아 봤댔자 구경꾼 정도나 될 수 있을까.

구경꾼이라는 말을 곱씹다 보니 몇몇 장면이 떠올랐다. 아무도 없는 집에서 하루 종일 TV만 구경하다 곯아떨어지는 노인, 재잘대며 짝지어 지나가는 친구들의 모습을 멀찍이서 지켜보는 아이, 어깨를 맞대고 귀엣말을 하며 다정히 걸어가는 연인의 모습을 바라보는 남자 아니면 여자, 우는 아이를 유모차에 태워 잰걸음 옮기다 출근하는 젊은 아가씨를 흘긋거리는 푸석한 낯빛의 아기엄마, 아기엄마가 우는 아기를 달래는 소리에 뒤를 돌아보며 멍한 표정이 되어 버리는 젊은 아가씨, 그리고 뭐가 없는 나.

결핍은 슬픔으로 건너가는 가장 튼튼한 다리이다. 있던 것이 사라짐으로써 나타난 결핍이나 원래부터 가지고 있지 않던 것, 앞으로도 가질 희망이 없는 것에서 비롯된 결핍도 그렇다. 아주 많은 사람들이, 어쩌면 세상 거의 모든 사람들이 다른 사람을 구경하며 결핍을 느끼지 않을까. 내가 잃어버린 것을 저 사람은 여전히 가지고 있구나 하는 부러움, 애당초 내게 주어지지 않은 것들이 다른 사람에게는 일상적이라는 사실을 발견했을 때의 충격, 아무리 애를 써도 잃어버린 것을 되찾을 수 없다는, 빈 곳을 채울 수 없다는 자각에서 비롯된 좌절이 나를 깡통 속에 꼭꼭 숨게 했다. 다리를 건너 슬픔에 빠지면 안 되니까. 그런데 누군가 내가 숨어 있던 깡통을 뻥 걷어찼다. 나는 깡통과 함께 가볍게 날아올라 포물선을 그리다가 그토록 두려워하던 더러운 슬픔의 바다 한가운데 풍덩 빠졌다.

  깡통 밖으로 머리를 내밀자 가장 먼저 엄마와 눈이 마주쳤다. 자책과 불만이 빚어낸 생각들 사이에서 갈팡질팡하다 다시 얼룩진 슬픔의 한복판에 달그림자처럼 놓인 엄마를 보았다. 바라보고 바라보다 깡통 밖으로 조심스럽게 손을 뻗어 슬픔을 한 줌 길어 올렸다. 내 생의 조각들이 거기 섞여 있었다.

그렇게 해서도,
그렇게 들어서도 안 되는 말

 친구 집에 놀러갔다. 친구의 엄마를 처음 봤을 때 헛웃음이 났다. 친구와 친구 엄마의 얼굴이 너무 닮아서, 내가 내 도플갱어를 발견하면 이런 느낌일까 싶을 정도였다. 친구는 자라면서 늘 아빠 닮았다는 소리를 들었다고 했다. 내가 보기엔 전혀 아니었다. 친구가 아빠와 닮은 데가 있다면 눈매와 머리카락 정도?

 친구의 엄마는 내 엄마와 많이 달랐다. 일단 얼굴이 둥글고 웃는 상이었다. 웃는 상은 처음 보는 사람을 안심하게 만든다. 지나치게 안심한 사람들이 얕잡아 보는 부작용도 꽤 겪는다지만 난 그편이 좋았다. 나의 엄마는 일상의 표정이 늘 진지해서 웃는 표정이 상대적으로 굉장히 뚜렷하게 기억에 남을 정도였다.

 말하는 방식도 달랐다. 친구의 엄마는 일단 무엇이든 칭찬하셨다. 그런데 덮어놓고 칭찬하는 위선적인 느낌은 또 아니었다.

자기를 낮추고 상대방을 추켜세우며 부러움을 표하는 방식의 칭찬은 남이 듣기에 꽤 어깨가 으쓱할 만한 것이었다. 다른 사람의 형편에 관심을 가지고 잘 살피는 점도 신선해 보였다. 친구의 엄마가 부러웠다. 친구의 엄마와 나의 엄마는 종교도 같고, 출신 지역도 같고, 나이도 같은데 모든 면에서 그렇게 다를 수가 없었다. 친구가 착하고 다정한 건 이런 엄마를 가져서인 것 같았다.

나의 엄마는 칭찬에는 인색하고 잘못한 것은 크게 꾸짖는 편이었다. 학교에서 상을 받았을 때와 처음 취직했을 때도 '그래, 잘됐네' 정도의 반응이었다. 특히 기억에 남는 반응은 대학에 합격하면서 입학금과 등록금을 면제받았다는 소식을 전했을 때다. 기분이 좋아 집 근처 백화점에서 엄마에게 전화해 소식을 알리고 데이트를 청했다. 비록 엄마가 반대하는 방향으로의 진학이었지만 좀 정성 어린 칭찬을 기대했다. 그런데 먼저 와서 기다리고 있던 내게 엄마는 웃는 얼굴로 다가와 이렇게 말했다.

"니가?"

엄마는 결코 나쁜 엄마가 아니다. 가정을 위해 많은 것을 감내하는 삶을 살았고, 아주 풍족하지는 않았지만 자식을 위해 크게 해 주지 못한 것도 없다. 그런데 말을 참, 못했다.

같은 서울 하늘 아래 살던 시절, 일이 있어 외출하는 나 대신 엄마가 윤재를 돌보러 왔다. 그때 항상 도돌이표를 찍는 어떤 일인가로 다투고 내가 이렇게 말했다.

"엄마는 대체 왜, 매번 말을 다 그렇게 해?"

순간 엄마의 눈에 눈물이 핑 도는 것이 보였다. 속으로 몹시 놀라고 당황했다. 이 정도 일로 엄마가 우는 것을 본 적이 없기 때문이다. 사는 동안 엄마가 우는 것을 딱 네 번 보았는데, 이때가 세 번째였다. 엄마가 분하다는 투로 말했다.

"나도 따뜻한 말을 들어 본 적이 없어서 할 줄도 모른다, 왜!"

그제야 피난민으로 부산에 정착해 이불과 수산물을 팔았던 외할아버지와 외할머니가 떠올랐다. 엄마보다 스무 살 가까이 나이가 많은 거친 큰외삼촌도 떠올랐다. 여섯 남매 중 막내였지만 잘 간수되었을 뿐, 따뜻한 보살핌 같은 건 생각할 수 없는 환경이었을 것이다. 먹고살기 바빠 지시와 실행만이 중요했을 뿐, 둘러앉아 차분하게 이런저런 이야기를 나눌 시간이 없었다. 그럼에도 엄마는 외할아버지가 돌아가셨을 때 첫 번째 눈물을 흘렸고, 뒤이어 외할머니를 잃고 두 번째 눈물을 흘렸다.

소녀는 그렇게 자라 엄마가 되었고 아는 대로, 익숙한 대로 아이들을 키웠던 것 같다. 그땐 요즘처럼 아이의 정서를 위해 공부하는 분위기도 아니었으니 왜 좀 더 노력하지 않았느냐고 책망할 수도 없다. 그저 내가 너무 늦게 엄마를 헤아렸다. 마음과는 상관없는 말 속에 내가 나를 가두었던 셈이다.

나도 엄마를 닮아 그런지 예쁘게 말하는 데 영 소질이 없다. 내가 낳은 아이에게는 말빚을 지고 싶지 않아서 의식적으로 매일

사랑한다고, 멋지다고, 할 수 있다고 이야기한다. 하지만 그 외에 사람들에겐 무뚝뚝하다. 의도는 없지만 말로 상처를 주는 일도 많다. 특히 엄마가 나에게 그랬던 것처럼 나도 엄마에게 먼저 예쁜 말을 해 본 적이 없었다. 그게 참 사는 동안 내내 아쉬울 것 같아 입관 때 마주한 차갑게 식어 버린 엄마에게 이렇게 말해 보았다.

"엄마, 다음엔 내 딸로 태어나. 내가 잘해 줄게."

그해 윤재는 태어나 처음으로 자기 엄마가 우는 것을 보았다.

일일 학부모 교사가 되지 못한 엄마

 누구에게나 자기의 부모가 '어느 정도'의 사람인지 인식하게 되는 순간이 찾아온다. 이 순간이 애석하게 사춘기와 맞물리면 집집마다 크고 작은 일들이 예사로 벌어지곤 한다. 부모의 사회적 위치와 상관없이 그 헌신적인 마음을 소중히 여기는 조숙한 아이들. 부모의 사회적 위치를 곧 자신의 가치로 여겨 쓸데없이 우쭐대거나 지레 움츠러드는 아이들. 부모를 멸시하며 스스로를 파괴하거나 반대로 부모의 위압감에 짓눌려 진짜 자기를 펼쳐 보지 못하는 아이들. 부모가 가진 결핍을 동력 삼아 부모보다 더 나은 어른으로 성장해 나가는 아이들 등등.

 나는 이 가운데 어떤 아이였을까. 내가 처음 부모님에 대해 새로운 인식을 갖게 된 순간이 사춘기는 아니다. 이미 그전부터 사소한 실망과 아쉬움이 차곡차곡 쌓여 사춘기에 극적으로 분출되었달까. 그 극적 분출의 장면은 너무나 남사스러운 데다가 그 시절을 밑거름으로 현재 더 성숙해진 구석도 없으니 새삼 내보이기 부끄럽다. 하지만 처음 부모님을 외부인의 시선으로 바라보았던 순간은 생생하게 떠오른다.

 윤재가 어린이집에 다닐 때 '일일 선생님이 되어 주실 학부모님을 찾습니다'라는 글씨가 인쇄된 가정통신문을 받고서 저절로 미간이 찌푸려졌다. 아직도 이런 걸 하다니, 속으로 탄식하며 안내문을 읽어 내려갔다. 결론은 나의 오해였다. 아이의 어린이집에서 모집한 일일 학부모 선생님의 역할은 내가 알던 것과 달랐다. 어린이집 수업 시간에 가서 아이가 속한 반에 들어가 그림책을 읽어 주거나 종이접기, 요리 활동 등을 돕는 것이었다. 그 시간이 아이의 어린이집 생활을 더 자세히 들여다볼 수 있는 기회가 되기도 했다. 초등학교도 마찬가지였다. 일일 학부모 선생님은 아이들에게 유익할 만한 활동을 준비해 그날 교실에서 함께 해 보면 되는 것이었다. 실 제본 책 만들기, 손뜨개질, 마술 체험 같은 것들. 일일 선생님으로 참여한 학부모의 취미, 재주, 성의에 기댄 재미있는 수업 같았다.
 내가 일일 학부모 수업에 거부감을 가지게 된 건 어린 시절 경험한 이 수업이 지금 같지 않았기 때문이다. 이 연례행사가 지역이나 학교마다 다른 성격을 가지는지 비교해 보지 않았기 때문에 단언할 수는 없다. 그런데 여하간 나 어릴 적에 이 수업은 특정 직업의 학부모만 참여할 수 있는 분위기였다. 선생님이 지원자를 받을 때 어떤 일을 하는지 명확히 소개할 수 있고 아이들이 장래 희망으로 잘 적어 내는 것을 직업으로 삼고 계신 부모님이면 더 좋다는 말을 덧붙였으니. 예로 소방관, 경찰관, 의사, 판사, 변호사, 군인은 꼭 빠지지 않았다.

나는 엄마나 아빠가 교단에 서서 친구들에게 무언가 얘기해 주었으면 좋겠다는 막연한 바람이 있었다. 그냥 여러 사람 앞에서 이게 우리 엄마, 또는 아빠다라고 내보이고 싶은 기분. 텔레비전에 나오는 연예인을 가리키며 저 사람이 내 오빠야 하는 그런 종류의. 선생님이 예로 든 것 중에 내 부모님의 직업은 없었다. 그래서 나는 '명확히 소개'할 수 있어야 한다는 부분에 꽂혀 곰곰이 생각했다. 아빠는 회사원인데 무슨 일을 하는지 분명히 알 수 없었다. 엄마도 회사원인데 하는 일이 비교적 뚜렷하게 보여서 희망적이었다.

"엄마. 엄마가 학교에 와서 애들한테 주산하는 거 가르쳐 주면 안 돼?"

엄마는 작은 회사에서 경리회계 업무를 보았다. 요리도, 청소도, 바느질도 별로였지만 주판을 잘 다뤄서 나에게도 종종 가르쳐 주었다.

"이런 걸로 어떻게 수업을 하니."

엄마가 헛웃음을 웃으며 말했다. 참 많이, 아쉽고 섭섭했다. 엄마가 학교에 올 수 없는 사람이라는 인식 때문이었다. 거기서

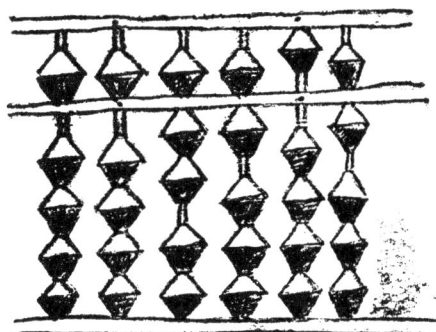

οδπ.

멈췄으면 좋았을 텐데. 친구의 아빠가 일일 학부모 선생님으로 오신 수업 시간이 끝나고 나자 나의 인식은 어렴풋하게 엄마가 내세울 게 없는 사람, 그래서 초대받을 수 없는 사람이라는 데까지 번져 나갔다.

그 시절을 떠올리면 내 아이가 나를 소위 '객관적'으로 바라보게 될 순간이 찾아오는 게 두려워진다. 먹고 입고 자는 것을 책임지는 것은 당연하고, 사회적인 힘을 갖추는 데 도움을 주어야 하는데 그런 것에는 한없이 부족한 엄마로 판명될까 봐. 아무것도 아닌 건 아니지만 딱히 무엇이지도 않은 사람으로 기억될까 봐. 열심히 살아왔지만 나에게 일일 학부모 선생님은 그 두려움의 상징 같은 것이 되었다. 지금도 아이는 내가 상담차 유치원에 방문하는 것만으로도 기뻐하고 든든해 한다. 엄마가 되지 않았더라면 하지 않았을 고민인데, 내 멋에 겨워 살면 그만이었을 인생인데 하고 생각하다가도 아이의 웃는 얼굴을 보면 다시 또 시름없이 즐거워진다.

"넌 커서 어떤 사람이 될래?"
"서울대에 가서 엄마를 서울에서 살게 해 줄 거야."
"엄마 서울 데려가려고 서울대를 가게?"
"응!"
"일단 뭘 하든⋯⋯ 행복한 사람이 되자."
"좋아. 엄마도 행복한 사람이 돼."

글이나 쓰는 엄마

예전엔 디지털도어락이 없었다. 아날로그식 번호키도 흔치 않아서 집을 나설 땐 항상 열쇠를 챙겨야 했다. 초등학교 시절 집 열쇠 챙기는 것을 자주 잊어서 잠긴 현관문 앞에서 오빠나 엄마가 올 때까지 기다리는 일이 많았다. 직장을 나갔던 엄마는 언제나 나보다 먼저 집을 나섰기 때문에 따로 열쇠를 챙겨 줄 여유가 없었다.

아파트 계단에 쪼그려 앉아서 할 수 있는 일은 딱히 많지 않았다. 복도 창문 아래로 지나가는 사람들을 구경하거나 책가방에 뭐가 들어 있는지 새삼스럽게 뒤져 보는 일 정도. 국어책 외에 다른 것은 읽을 만하지 않아서 국어 교과서를 처음부터 끝까지 반복해 읽었다. 그러다 그만 책이 좋아지고 말았다.

그 무렵 엄마는 나를 피아니스트로 만들겠다는 야심을 가지고 있었다. 누구나 대통령, 과학자, 피아니스트, 발레리나를 장래 희망으로 적어 내던 시절이었지만 엄마는 진심이었다. 중학교 2학년이 되던 해 나는 엄마에게 극렬히 저항해 피아노를 그만두고 문학소녀로 커밍아웃을 해 버렸다. 대학 진학을 앞두고도 문학도의 꿈은 변하지 않아서 엄마를 힘들게 했다.

"책 읽고 글이나 쓰는 건 나중에 취미로 해도 되잖아!"

글이나. 글이나라니. 엄마는 내가 재수를 해서 교대나 사범대에 진학하길 바랐다. 하지만 그때의 나는 '책 읽고 글 쓰는 걸 직업으로 삼으면 되지' 하는 좀 교만한 생각으로 가득 차 있었다. 대학을 다니며 아르바이트를 하느라 바쁜 나날을 보내면서 차츰차츰 엄마의 가시권에서 벗어났다. 그리고 졸업 후 '글이나'에 복수라도 하듯 출판사에 입사했다. 약 2년 뒤 첫 직장을 떠나며 일기에 이렇게 적었지만.

"이건 다 열쇠가 없었기 때문이다. 삶은 곧잘 이런 식으로 흘러간다."

엄마가 침대에 기대어 앉아 낡은 노트에 모나미 볼펜으로 무언가 적어 내려가던 모습이 떠오른다. 분명 엄마는 '글이나' 쓰고 있었다. 그 시기가 언제였나. 일주일에 한 번 아파트단지에 들어오는 버스 도서관을 자주 이용하던 즈음인 것 같다. 마을문고? 그 버스 도서관 이름이 도무지 기억나지 않지만 내가 초등학교 고학년이 되었을 무렵이었다. 아빠는 딸이 책 읽기를 좋아한다는 것을 알게 된 뒤 창고에 쌓아 두었던 책들을 꺼냈다. 종이가 누렇게 변색되고 주요 명사가 한자로 표기된 한국문학전집이었다. 그리고 곧 세계문학전집도 사들였다. 나는 그때 아빠도 책 읽기를 좋아한다는 것을 처음 알았다. 초등학교 고학년이 읽기엔 터무니없는 책들이었지만 이해 없이 그저 읽는 것만으로도 글로 표현한다는 것이 무엇인지 어렴풋이 느낄 수 있었다. 엄마는 도서관에서 책을 어떻게 빌리는지 가르쳐 주었지만 책을 사 주는 일은 좀체 없었다. 그러다 버스 도서관을 발견하고 일주일에 한 번씩 나를 데리고 갔다. 엄마가 책장 앞에 서서 거기 꽂힌 책들을 찬찬히 들여다보는 모습은 그때도 낯설었다. 그리고 엄마는 책을 빌렸다. 자기가 볼 책을. 주부 잡지가 아닌 단행본 소설을.

엄마가 낡은 노트에 써 내려간 서너 줄 되는 문장은 낙엽, 햇살 같은 단어가 들어 있는 날씨에 대한 묘사였다. 뭘 쓰는 중이냐고 묻자 손으로 대충 찢어 접어 둔 신문 광고를 보여 주었다.

"엄마도 여기 한번 내 볼까 봐. 수상하면 상금을 준대."

그게 아마 동서식품에서 주관하던 '동서커피문학상'이 아니었을까 싶은데, 수필을 쓰던 중이었는지 소설을 쓰던 중이었는지는 잘 모르겠다. 엄마가 버스 도서관에서 한동안 빌려 읽던 책이 가벼운 로맨스 소설이었기 때문에 소설을 써 보려 했다고 생각하고 싶다. 결과적으로 그 글을 완성했는지, 그걸 보내긴 했는지 잘 모른다. 관심 없었다. 하지만 그 무렵의 엄마 덕분에 나는 로맨스라는 장르를 알아 버렸고 헤밍웨이의 《누구를 위하여 종은 울리나》는 사춘기 여중생의 최애소설이 되었다.

  그때 내가 생각한 엄마의 첫 글쓰기 목적은 언뜻 '상금' 같다. 엄마는 돈 모으기를 즐겼기 때문이다. 입고 먹는 행복보다 통장 속 숫자의 자릿수가 하나씩 늘어나는 행복이 더 크다고 했다. 엄마가 먼저 본 게 공모전 상금인지 로맨스 소설인지 알 수 없지만 기왕 하는 글쓰기가 돈도 벌어다 주면 얼마나 좋은 일인가. 엄마가 글을 써서 직접 받은 돈은 없다. 하지만 엄마의 글쓰기를 촉발한 로맨스 소설 덕분에 딸은 문학도의 꿈을 버리지 않았고 출판사에서 일해 학비도 벌고 생활도 하고 첫 아이 출산 준비도 했으니 엄마가 돈을 번 것이나 다름없다.

  상금이 목적이 아니었다면? 엄마는 로맨스를 꿈꿨던 게 아닐까. 외간남자와의 로맨스를 꿈꿨다기보다 로맨스가 다시 찾아오길 바랐던 게 아닐까. 엄마와 아빠는 사내 연애 커플이었다. 아빠의 전언이지만 여직원들 사이에서 폭발적인 인기를 누리던 아빠가 엄마에게 푹 빠졌더랬다. 엄마를 두고 다투던 법대 출신 라이벌 아저씨도 있었더랬다. 긴장을 풀기 위해 술을 좀 마시고 교제 허락을 받고자 찾아간 엄마 집에서 그만 녹다운 되어 그날 밤 외할아버지와 함께 잠들어 버렸더랬다. 다음 날 아침, 회사 사람들이 엄마 집에서 부스스한 모습으로 나오는 아빠를 목격했더랬다. 대결은 이렇게 끝났다. 이 같은 로맨티즘의 시대를 지나 결혼해 리얼리즘의 시대에 이르렀을 때 로맨스가 다시 찾아오길 바라는 건 이상한 일이 아니다. 나도 결혼하고 이른바 '현타(현실

자각 타임)'가 올 때마다 생각하는 것은 낯선 남자와의 새 출발이 아니라 내가 '원래' 알던 친절하고 다정했던 '그 오빠'니까.

 엄마의 글쓰기 목적이 무엇이었든 사람은 바라는 것을 쓴다. 더 정확히는 바라는 것을 위해 쓴다고 생각한다. 첫 출산 이전까지 자의 반 타의 반 꾸준히 글을 쓰던 내가 '썼다'라고 자신 있게 말할 수 있는 순간은 몇 되지 않는다. 윤재를 낳고 타지에서 우울증에 시달렸을 때 잠도 자지 않고 맹렬하게 쓴 일기, 9월만 되면 월말 토익시험 준비하는 학생처럼 기계적으로 쓰기 시작했던 신춘문예용 단편소설, 그리고 지금 이 글. 살기 위해, 소설가가 되어 보기 위해, 엄마를 헤아리기 위해 내가 쓴 순간들이다. 자신이 전문적으로 아는 것을 나누기 위해 글을 쓰는 사람들도 유명해지기 바라거나, 돈을 더 벌기 바라거나, 모르던 사람들이 알게 되기 바라거나, 정리하고 되풀이함로써 자신이 더 깨닫게 되기 바라면서 쓴다. 써야 해서 꾸역꾸역 쓰는 것조차 쓰다 보면 사심이 생기는 마당에, 자발적인 모든 글쓰기에 목적이 없을 수 없다. 편지마저 그렇다.

 엄마는 그냥 여자였을 때부터 아는 것이 있고, 본 것이 있고, 겪은 것이 있고, 바라는 것이 있는 존재임을 되새기고 싶다. 엄마가 그저 심심해서 읽는 사람 없는 글이나 썼던 게 아니었으리라는 것. 끝맺지 못한 글이라도 엄마의 자발적인 그 행위가 인상에 남았다는 것. 하지만 이 모든 것을 너무 무심하게 보아 넘긴 채로 나는 엄마가 되었고, 엄마를 잃었다.

  엄마의 마지막 글쓰기는 '이름'이었다. 오른손에 마비가 오면서 재활에 희망을 걸고 글씨쓰기 연습을 했다. 엄마의 이름이 엄마의 필체로 빽빽하게 적혀 있는 노트를 발견한 건 엄마가 떠난 뒤였다. 엄마는 누구도 아닌 자신의 이름만을 반복해 쓰면서 건강했던 자신을 되찾을 수 있기를 간절히 바랐을 것이다.

엄마의 겁

"엄마, 다른 친구 엄마들은 다 운전하는데 엄마는 왜 안 해? 나 아까 오는데 바람 많이 불어서 명우 엄마가 차 태워 주셨어."

윤재가 처음으로 나와 친구의 엄마를 '비교'했다.

"엄마도 할 줄 알아. 근데 지금은 무서워서 잘 못 해."

'엄마도 할 줄 알아'라는 말은 아이의 물음이 끝나자마자 단박에 튀어나왔고, 지금은 무서워서 잘 못 하겠다는 말은 '근데' 뒤에 숨어서 3초쯤 기다리다 기어 나왔다.

"정말? 할 줄 알아?"

지금은 왜 무섭냐고 물어 올 것을 기대했지만 뜻밖에 아이는 내가 할 줄은 안다는 것에 관심을 보였다. 나는 말없이 지금은 거의 신분증으로만 사용하는 운전면허증을 꺼내 보여 주었다. 필요 이상 두 손으로 면허증을 공손하게 받아 든 아이의 눈동자가 이리저리 바쁘게 움직였다.

"이게 뭐야?"

"운전을 잘 할 수 있는지 없는지 시험을 봐서 통과한 사람한테만 이걸 줘. 이게 있는 사람들만 운전할 수 있어."

"와, 엄마도 할 수 있구나……!"

분명히 이제 잘 못 하겠다고 얘기했는데도 아이는 내가 일단 '자격을 갖춘 사람'이라는 것에 감격하며 웃었다. 그 웃음에는 어떤 마음이 담겨 있었을까. 아마도 뿌듯함, 자랑스러움, 안도, 신기함, 단순한 기쁨. 아이의 '엄마도 할 수 있구나'라는 말에 불현듯 꽂혔다.

주말이 되어 나는 아이를 뒷자리 카시트에 단단히 잡아매고 남편은 조수석에 태운 뒤 위풍당당하게 운전석에 앉았다. 운전하는

엄마의 모습을 보여 주고 싶었기 때문이다. 보지 않아도 뒷좌석에 앉은 아이의 눈이 반짝반짝 빛나는 게 느껴졌다. 그리고 동네 한 바퀴!

이날 나는 난생 처음 보는 빛깔의 격려와 칭찬을 들었다. 남편이 옆에서 훈수를 둘 때마다 말리며 내 편을 들어 주었고, 그저 내가 운전하는 자동차에 탄 것이 영광이라는 듯한 감탄사를 끊임없이 내뱉었다. 단지 동네 한 바퀴를 돌았을 뿐이었지만 그 어느 때보다 재미있고 자신감 넘치는 운전을 해 보았다.

집 주차장에 차를 세우고 나자 윤재가 벨트를 풀고 운전석 쪽으로 상체를 쑥 내밀며 이야기했다.

"엄마도 이렇게 잘하니까 계속 연습하면 무서운 거 금방 없어지겠다, 그치?"

엄마가 운전하는 차를 타고 동네 한 바퀴를 돌았을 뿐인데 반달눈이 되도록 기분 좋아진 아이에게 묻고 싶어졌다.
'근데 넌 엄마가 왜 운전이 무서워졌는지 궁금하지 않아?'

나는 스물한 살에 운전면허를 땄다. 면허를 따고 1년 동안 엄마의 자동차로 여기저기 잘 다녔다. 종종 조수석에 함께 타 나의 운전을 봐주던 엄마는 내가 운전을 차분히 잘한다며 칭찬하기도 했다. 그러다 비가 내리던 어느 날 엄마와 함께 팔당댐 근처로 드라이브를 나갔는데 거기서 사고 아닌 사고가 났다. 빗길에 섣부르게 브레이크를 밟아 차가 미끄러지면서 세 바퀴 정도 빙글빙글 돈 것이다. 다행히 양방향 차선에 다른 차가 없었기 때문에 충돌 사고는 일어나지 않았지만 차가 조금만 더 오른쪽으로 밀렸다면 가드레일을 뚫고 낭떠러지로 굴러떨어졌을 것이었다. 그때 운전대는 운전 경력 10년 차인 엄마가 잡고 있었다.
"어휴, 다른 차가 안 지나다녀서 다행이네. 너는 네가 운전한 것도 아닌데 뭘 그렇게 놀라?"
엄마 말대로 나는 온몸을 덜덜 떨고 있었다. 엄마는 태연하게 다시 제 방향을 잡아 달리기 시작했다.
그날 이후로 나는 자동차의 속도가 올라가기 시작하면 손바닥에 땀이 고이고 심장이 쿵쾅거렸다. 내가 운전하는 차나 남이 운전하는 차나 마찬가지였다. 엄마는 딸이 운전을 점점 멀리하는 것을 아쉬워하면서 이렇게 말했다.

"운전 차분히 잘하는 것 같더니, 겁 많은 건 또 아빠를 닮았나 보네."

사실 말이 엄마의 자동차이지 아빠의 자동차는 없었다. 아빠도 지금의 나처럼 운전면허는 있었지만 운전을 잘 하지 않았다. 운전을 시작하면서 크고 작은 사고를 겪은 뒤 가까운 거리를 다니거나 엄마의 주차를 도울 때 정도만 운전대를 잡았다. 엄마는 여기저기 부딪히고 빙글빙글 돌면서도 운전을 멈추지 않았기 때문에 아빠가 열심히 운전에 매달릴 필요가 더욱 없어졌다. 그때는 그게 그저 겁 때문인 줄로만 알았다.

돌아보면 엄마는 마흔에 운전면허를 땄다. 목적은 분명했다. 아이들을 학교와 학원으로 실어 나르기 위해. 주말 외에는 하루도 빠지지 않고 운전을 할 수밖에 없었던 엄마는 어느새 운전이 재밌어졌다고 했고 시간 날 때마다 차를 끌고 여기저기 다니길 즐겼다. 그래서 나는 엄마가 겁이 없고 활동적인 성격이며 자동차 운전을 좋아한다고 여겼다.

그런 엄마가 운전을 멈춘 건 오빠가 첫 직장에 들어가 자기 명의의 자동차를 뽑았을 때였다. 더 이상 아이들을 위해 운전할 필요가 없어진 때. 필요하면 오빠가 당신을 위해 운전해 줄 수 있게 된 때. 환갑도 되지 않은 나이에 엄마는 운전을 멈추었다. 나는 언젠가 엄마에게 물었다.

"엄마 예전에 운전하는 거 좋아했잖아. 요즘은 왜 안 해?"

"어휴, 사실 이제 겁나. 눈도 침침하고."

그때는 엄마의 겁이라는 게 있다가도 없어지고 없다가도 생기는가 보다 했지만 이젠 조금 안다. 지금의 내가 그렇듯 그저, 버틸 따름이었다는 것을.

몰래 한 사랑

1990년대에 초중고를 졸업한 나는 스스로 생각하기에도 선생님 복이 많은 편이다. 나를 스쳐 간 담임선생님들 가운데 두 분 정도 제외하면 대체로 선생님다운 모습을 보여 주셨다고 생각한다. 지금보다 '전체'가 강조되던 때라 나처럼 조용하고 눈에 띄지 않는 학생들은 선생님 입장에서도 복된 학생이었을 것이다. 하라는 건 하고 하지 말라는 건 하지 않는 이 단순명료한 아이에게서 굳이 문제를 찾으려 하는 선생님도 없었다. 사춘기도 문제라면 문제였건만.

나의 사춘기는 중학교 1, 2학년 시절이었던 것 같다. 돌아보면 사춘기가 시작되던 중학교 1학년 때 누군가 알아봐 주었다면 좀 순하게 넘길 수도 있었을 듯한데 가족들은 저마다 바빴다. 부모님은 매일매일 직장에 나갔고 오빠는 오빠대로 사춘기였기 때문에 별로 말을 섞지 않았다. 그렇다면 그나마 가족 못지않게 많이 보는 선생님이 한 가닥 희망인데 중학교 1학년에 만난 담임선생님은 아무것도 묻지도 따지지도 않는 조용한 분이었다.

그렇게 1년 동안 혼자 머리를 굴리다가 내 자아는 2학년에 이르러 더욱 진창에 빠져 버렸다. 아침에 학교 가기가 싫고 가족도 싫고 친구도 싫고, 그 시절 모두가 열광하던 서태지와 아이들도 시시했다. 얼마나 조용히 외롭게, 그리고 무겁게 자리에 앉아 책을 읽고 음악을 들어댔는지 우리 반 날라리들도 말을 붙이지 않았다. 그들의 눈 밖에 난 옆 반 여자애 하나가 끌려 들어왔을 때 반 아이들이 슬슬 현장을 피했는데 나는 덤덤히 자리에 앉아 그 아이가 뺨을 얻어맞는 순간을 지켜보았다. 그때 우리 반 날라리들은 내가 하도 또라이 같아서 건드리지 않았을까. 그럼에도 하라는 것은 하고 하지 말란 것은 안 해서 2학년 담임선생님의 눈에도 띄지 않는가 싶었다.

그러던 어느 날 엄마가 학교에 불려 갔다. 정해진 상담기간이 아닌데 그랬다.

"너 뭐 잘못한 거 있어?"

언제 선생님과 통화를 했는지 엄마는 그날 진작 휴가를 내 놓았다. 아무리 생각해도 엄마가 학교에 불려 갈 만한 일은 없었는데 기가 막혔다. 수업시간 내내 앞이 캄캄해져 있다가 종례를 하러 들어온 선생님에게 물음표 가득한 눈빛을 마구 발사했지만 돌아오는 대답은 없었다. 초조한 마음으로 교문 앞에 서서 엄마가 상담을 마치고 나오길 기다렸다.

"내가 언제 너보다 오빠한테 더 잘해 줬니?"

상담을 마치고 나온 엄마의 첫마디였다. 그제야 나는 일의 전말을 알아챘다.

내가 다니던 중학교는 매 학년마다 쓸 일기장을 제작해 나눠 주었다. 강제성이 큰 것은 아니었지만 일기를 성실히 쓴 학생에게는 상을 주기도 했다. 선생님에게 보여지는 일기였기 때문에 사춘기 학생의 고민을 손쉽게 드러낼 수 있는 통로이기도 했다. 지금 생각해 보면 정말 훌륭한 전통이다. 모든 것이 시시하고 싫었던 그때 일기 쓰기는 나의 유일한 낙이었다. 무엇을 빼거나 더하지도 않고 의식의 흐름대로 적어 내려간 사춘기 소녀의 일기에서 선생님은 차별과 편애라는 문제를 발견한 것이다. 1학년 담임 선생님도 같은 걸 보셨을 테지만.

"엄마는 오빠만 좋아하는 게 아니야. 너랑 오빠랑 성격이 다르니까 다른 방식으로 대하는 거야. 오빠는 뭐든 하고 싶은 게 있으면 될 때까지 조르잖아. 그래서 어쩔 수 없이 해 주게 되고. 넌 아무 소리도 안 하고 있으니까 관심 없는 줄 알았지. 괜찮은 줄 알았지."

투박한 말만 하던 엄마가 대충 이렇게 해명했던 것 같다. 무엇을 얻기 위해 아쉬운 소리를 하고 조르는 과정에서 일어나는 분란과 얻고도 가시지 않는 불쾌한 기분이 싫었던 나는 이후로도 그렇게 하지 않았다. 당연히 오빠와 차별받는다는 느낌도 지우지 못했다. 하지만 선생님이 나를 발견해 주었다는 순수한 기쁨만으로 사춘기를 가볍게 떨쳐 버릴 수 있었다. 신기한 경험이었다.

　엄마의 장례식장에서 오랜만에 만난 나이 많은 사촌언니가 말했다.
　"엄마가 너를 얼마나 끔찍이 아꼈니. 널 얼마나 예뻐했는데."
　엄마는 좀 츤데레 같은 데가 있었나 보다. 그냥 나한테 직접 말하지. 그러면 모든 게 괜찮았을 것 같은데. 만나는 사람마다 엄마가 나를 위해서라면 뭐든지 했다고 이야기한다.

이건 도저히 안 되겠는데요, 장모님

결혼 후 타지에서 살다 윤재를 데리고 다시 서울에 와 지내던 2년이 꿈 같다. 그땐 내게 완전한 친정과 온전한 가정이 다 있었다. 서울에 돌아오자마자 윤재를 어린이집에 보내면서 아이의 첫 사회생활을 지켜보는 재미도 컸다.

1년쯤 지나 윤재의 어린이집 친구 엄마 하나를 알게 됐는데 내 눈에는 참 빛나는 인생을 사는 언니였다. 결혼 후 두 아이를 낳았지만 한 번도 일을 놓은 적이 없었고 그 분야에서 높은 성취를 이루며 지낸 듯했다. 시원스러운 성격에 거침없는 운전 스타일, 이공계 전공자라는 점은 평소 내가 선망하는 것들이어서 그냥 취향 저격이었달까. 이런 생활이 가능했던 건 같이 살며 아이들을 돌봐 주신 시어머니 덕분이라고 공을 돌리는 쿨함까지 겸비. 능력 있는 남편과 총명한 아이들까지 두었다.

윤재가 어린이집을 다닌 지 1년이나 지나고서야 이 언니가 눈에 띈 이유는 휴직을 했기 때문이다. 시어머니가 편찮아지시면서 그 참에 하던 일도 재정비하고 아이들과 시간을 많이 보내 보려 한다고 했다. 어린이집이 끝나면 아이들이 아파트 1층인 우리집에 거의 매일 모여 놀았기 때문에 이런저런 사는 얘기를 많이 들을 수 있었다. 종종 멋있다는 찬사를 보내면 보기보다 소심하다, 고민이 많다며 손사래 쳤지만 내겐 그저 완벽한 언니의 겸손으로만 보였다.

그러던 어느 날, 이 언니가 자주 남편 없이 저녁시간을 버티던 나를 딱하게 여겨 반찬을 해다 주었다. 감자조림, 호박볶음 같은. 드디어 여기서 이 언니의 빈틈을 발견했다. 보기에는 참하게 생겼는데 씹을수록 웃음이 났다. 맛이 없진 않은데 굉장히 정직한 맛이랄까. 그동안 쉬지 않고 일하느라 요리에 관심 가질 틈도 없었겠지만 시어머니 음식 솜씨가 워낙 훌륭해서 굳이 짬을 내 먹을거리를 만들어 볼 생각을 못했던 것이다. 그래도 휴직하고 이 것저것 요리해 보는 게 정말 재미있다고 활짝 웃으며 말하던 예쁜 모습이 떠오른다.

순수하게 주부로 지낸 시간보다 일하는 여성으로 산 세월이 길었던 엄마도 집안일에 서툴렀다. 엄마 입장에서는 장사하느라 바빴던 외할머니 탓이었을까. 엄마에겐 남편과 두 아이가 있었지만 가사를 도와줄 사람은 없었다. 지금 생각해 보니 참 신기한 건 그 와중에도 엄마가 집안일을 도우라고 한 적이 없다는 것이다. 딸인 내게 설거지 한 번, 빨래 한 번 시켜 본 적 없다는 사실을 자랑스럽게 여기기도 했다.

엄마가 처리한 모든 집안일의 문제는 '대충'에 있었다. 설거지든 청소든 빨래든 되어 있긴 한데 깔끔하지가 않았다. 아빠가 자주 집안일을 돕긴 했지만 유교적인 집안에서 자란 장남의 손길은 크게 다르지 않았다. 특히 '요리'가 문제였다. 요리를 잘하는 엄마들을 보면 기본적으로 손재주가 좋기도 하지만 또 그 엄마에게서 보고 배운 것들이 있다. 불행히도 엄마에겐 그게 없었고 요리의 맛도 멋도 엄마의 대충에서 자유롭지 못했다. 그래서 우리집 식구 중에 엄마 음식을 양껏 끝까지 먹는 사람은 '먹어서 치워야만 하는' 가련한 아빠뿐이었다. 그때 마침 혜성처럼 등장한 아빠의 동지가 있었으니, 바로 지금 나의 배우자다.

처음에는 사위로서 잘 보이기 위해 하는 노력인 줄 알았다. 오빠와 새언니와 내가 엄마가 차린 음식을 앞에 두고 깨작깨작 먹으며 멋쩍은 웃음을 지을 때도 남편은 '괜찮다, 먹을 만하다, 맛있다'라고 말하며 아빠와 열심히 먹었다. 다시 물어봐도 진짜 맛있어서 먹는다고 했다. 음식 칭찬을 거의 받아 본 적 없는 엄마는 그런 사위를 좋아했다.

놀랍게도 엄마의 요리 실력은 이후로 점점 나아졌다. 멸치볶음이나 미역줄기무침 같은 밑반찬부터 돼지고기와 두부를 으깨고 섞어 직접 빚은 동그랑땡까지, 아주 먹을 만해졌다. 엄마의 꼬불

꼬불한 머리카락이 종종 나왔지만 맵지 않은 엄마표 닭발은 이제껏 내가 먹어 본 닭발 중 가장 맛있었다.

실험정신도 강해서 넣지 않을 법한 재료를 넣는다거나 언뜻 조화롭지 않아 보이는 것들을 섞어서 새로운 요리를 탄생시키기도 했다. 대체로 나쁘지 않았고 사위의 기준에선 먹을 만한 것들이어서 별 탈 없이 화기애애하게 넘어갔다.

그러던 어느 날, 남편과 함께 친정집에 갔는데 문제의 그것이 나왔다. 점심을 먹고 엄마가 후식으로 요거트 같은 것을 내왔다. 남편은 받아 들자마자 바로 한 입 꿀꺽 삼켰다. 그리고 별안간 얼굴을 찌푸리며 허를 찌르는 한마디를 속사포처럼 내뱉었다.

"아이고, 이게 뭐예요? 이건 도저히 안 되겠는데요, 장모님."

후식의 정체는 요거트와 마를 함께 넣고 갈아 만든 것이었다. 맛보다 식감의 문제였다. 그래도 나는 한 컵을 다 마셨고, 다 같이 한바탕 웃었다. 집안 사정은 이랬지만 사회에서 평가되는 엄마는 반짝반짝 빛나는 사람이 아니었을까. 서울의 그 언니처럼.

지금 나의 전반적인 살림 솜씨는 여전히 서툴지만 엄마보다 낫다. 살림에 들인 시간이 내 나이 때의 엄마보다 많기도 하고 엄마의 실수를 보면서 배운 것도 있기 때문이다. 엄마가 해 온 일 중 내가 아직 시도해 보지 않은 것은 김장뿐이다. 해마다 집에서 김장을 했지만 할 때마다 맛이 달랐던 엄마의 김치.

다른 딸들이 그렇듯 지금 나의 집 김치냉장고에도 오래 묵은 엄마표 김치 한 포기가 있다. 받고 뚜껑 한 번 열지 않아서 그해 엄마의 김치 맛은 어땠는지 모른다. 그렇다고 열 자신도 없다. 도저히 안 되겠다. 이제는 버리겠다고 열었다가 엄마의 곱슬곱슬한 머리카락 하나를 발견하면 또 어쩔 것인가.

모르는 여자

나는 확실한 주제가 눈앞에 있지 않으면 글쓰기에 시동을 잘 걸지 못하는 편이다. 훈련된 탓인지도 모르겠다. 학교에서 정한 주제에 알맞은 생각을 적어 내려가던 초중고 시절. 스스로 주제를 찾아야 했던 대학 시절. 책이 말하려는 바를 파악해 압축적으로 전달하는 식의 글쓰기를 주로 하던 편집자 시절. 돌아보면 다 훈련의 시간이었다.

이런 식의 훈련은 주제가 명확하게 드러나야 하는 글을 쓸 때 효과적이다. 그러나 예술적인 단계로 나아가려는 사람들에게는 괴상하고 때론 지저분할 수도 있는 자유로운 상상력을 '표준 규격' 상자에 구겨 넣는 과정일 수 있다.

나야 예술적인 단계로 나아가려는 시도는 진작 접었지만, 이를테면 '각 잡고 시작하는' 글쓰기 습관 때문에 갑갑했던 적이 많다.

많은 글쓰기 달인들이 권하듯 매일 시시콜콜 뭐라도 쓰는 것이 잘 안 되고 억지로 해 보아도 재미가 없었다. 어쩌다 괜찮은 아이디어가 떠올라 이 생각 저 생각 꿰다 보면 오만 데서 엄마를 찾는다. 오래 두고 생각하는 건 불가능하다. 생각의 흐름이 끊기고 멈추다 끝내 증발해 버린다. 지쳐서 글쓰기를 멀리했다.

페이스북이나 트위터, 인스타그램, 그 외 각종 SNS 한 번 기웃거린 적 없는 내가 폐쇄형 글쓰기 플랫폼을 이용해 보기로 한 것도 그저 써 보려는 마음 때문이다. 누군가 볼 수도 있는 글에는 신중함이 깃들고, 구독자라도 생기면 책임감이 더해질 것이기 때문에. 유일하게 할 줄 아는 일을 하면서 살긴 해야겠는데 자력으로는 잘 굴러가지 않으니 써야만 하는 상황으로 몰아세워 줄 무언가가 필요했다.

그런데 처음 발행할 글부터 곤란했다. 근래 겪은 에피소드를 주욱 써 놓고 발행할 것인지 말 것인지 한참 고민했다. 이 글을 공개하고 나면 그 다음은 어떻게 할 것인가. 일기를 쓰려고 한 건 아닌데. 일상일기든 육아일기든 써 놓으면 개인적 가치는 있겠지만 내 글쓰기 수준으로는 기록 이상의 의미를 지니지 못할 것 같았다. 지금 당장 시간을 두고 찬찬히 생각을 시작할 만한 주제를 찾을 수 없다면 그동안 생활 속에서 줄곧 생각했던 것이 무엇이었는지 떠올려야 했다. 그게 바로 이제 내게 없는 '엄마'였다.

2017년, 엄마가 죽고 맞이한 첫 해에는 거대한 슬픔이 폭포수처럼 머리 위로 쏟아져 내렸다. 한동안 물보라 속에 갇힌 듯 멍했지만 곧 신기하게 말끔히 걷혔다. 엄마는 서울에, 나는 이곳에 좀 멀리 떨어져 살고 있을 때와 별로 다르지 않은 일상이었다. 때때로 젊은 시절의 엄마와 같은 처지에 놓인 나를 발견할 때, 어린 시절의 나의 모습을 아이에게서 발견할 때 슬픔이 차올랐지만 당연한 감정이라 여겼다. 늦었지만, 내가 엄마가 되어 엄마를 이해하게 되었구나라고 곱씹을 뿐이었다.

 하지만 좀 이상한 점이 있었다. 지인의 부모님이 돌아가셨다는 소식을 들을 때, 길을 가다 엄마와 차림새가 비슷한 아주머니를 볼 때, 어쩌다 꿈에 엄마가 나올 때, 아주 잊고 있던 엄마와의 옛 기억이 툭 떠오를 때. 그럴 때마다 방구석에 쪼그려 앉아 엄마의 사진을 뒤적이는 시간이, 훌쩍이는 시간이, 잠 못 드는 밤이 점점 늘어났다. 차올랐다 배수되는 줄 알았던 슬픔의 수위가 계속 높아지고 있던 것이다.

 나는 엄마를 오래 생각하고 있었다. 나의 엄마에 대해 생각하고, 엄마가 된 나에 대해 줄곧 생각하고 있었다. 그것이 기록에 그칠지라도 지금 기억하는 엄마와의 순간들을 써야겠다는 의욕이 드디어 생겼다.

 플랫폼에 '그래서 엄마들은 어떻게 됐는데요?'라는 제목으로 글을 올리기 시작한 뒤 나는 더 적극적으로 엄마를 기억해내려고 애썼다. 하지만 고작 열여섯 편의 짧은 글을 썼을 뿐인데 벌써 엄마에 대한 이야기가 고갈된 느낌이었다. 특히 생각하면 생각할수록 '그래서 엄마는 누구였는지' 잘 모르겠는 안타까움이 끓어올라 힘들었다. 평범하고 사소한 것들. 좋아하는 계절은 무엇인지, 좋아하는 배우는 누구인지, 어릴 땐 무엇이 되고 싶었는지, 제일 좋아하는 과목은 무엇이고 첫사랑은 어떤 사람이었는지 같은.

나에게 했던 말, 나를 대하던 태도, 나에게 주었던 물건이 엄마의 전부가 아니지 않은가. 나의 엄마였던 그 여자는 대체 누구였을까. 아델의 노래 〈Someone like you〉를 듣다 천천히 나의 엄마 같은 한 여자를 상상해 본다. 잘 떠오르지 않는다. 재구성되지 않는다. 모르기 때문에. 다시는 어디서도 엄마 같은 여자를 찾을 수 없겠지. 엄마 같은 사람을 만날 수 없겠지.

이 아득한 의문에 젖어 들자 글이 다시 써지지 않았다. 대체 내가 누구에 대해 이야기하고 있는 것인지 방향을 잃었다. 그런데 생각지도 못하게 한 구독자가 글에 댓글을 달아 힌트를 주었다.

"엄마처럼 안 사는 거, 그거 쉬운 일 아닐걸요."

아,
엄마 같은 누군가는
예상 외로
가까운 곳에.

엄마와 세 번의 잠

엄마 옆에서 자고 깨던 세 번의 밤이 기억난다.

#1.

첫 번째 밤은 내가 어릴 때, 아마 초등학교 저학년이던 시절.

초등학교에 들어가면서부터 내 방에서 혼자 잠을 잤다. 부모님과 떨어져 자는 게 무서워 한동안은 언니와 방을 같이 썼다는 친구도 있는데 나는 세 살 위 오빠가 있어 그랬는지 깔끔하게 분리되었다. 혼자 자는 게 무섭지도 않았다. 불을 끄고 자리에 누워 이 생각 저 생각 하다가 잠드는 게 자연스러웠다.

그래도 토요일 밤에는 온 식구가 텔레비전이 있는 안방에 모여 잠을 잤다. MBC에서 늦은 밤 시작하던 '주말의 명화' 때문이었다. 당시의 오빠나 내가 보아서 이해할 만한 것들은 아니었지만 영화를 좋아했던 아빠는 항상 식구들을 모아 놓고 누워서 그 프로그램을 시청했다.

그때 난 늘 엄마 옆에 누워서 영화를 보다가 잠들었다. 별다른 에피소드가 있지는 않지만 그때의 분위기가 한 번씩 떠오른다. 잠결에 어렴풋이 들리던 성우들의 과장된 목소리. 눈을 감고도 느껴지던 텔레비전 화면의 명암. 옆에 누운 엄마의 땀 냄새. 깊은 수면을 방해하는 환경 속에서도 잘만 잤던 그때.

지금도 혼자 잘 때 가장 편안하다. 한 공간에서 옆 사람의 기척을 느끼지 않을 만큼 거리를 두고 자도 잠을 잘 이루지 못한다. 특히 아이들 옆에서 잘 때면 그 밤은 그냥 잠깐 존다고 여겨야 한다. 아이들은 나를 발로 차고 밀고 이리저리 구르다 침대 틈에 끼어도 잘만 자는데 나는 왜.

아. 그때도 어린 나는 잘 잤지만 엄마는 불편했을까.

#2.
두 번째 밤은 엄마와 함께 놀러 간 글램핑장에서.

여름 휴가 기간에 아이와 함께 놀러 갈 만한 한적한 곳을 검색하던 중 원주에 있는 글램핑장을 발견했다. 폐교를 개조해 만든 곳이라 부지가 넓고 바로 앞에 강이 펼쳐져 있어 물놀이하기도 좋아 보였다. 예약을 하고 출발할 날만 기다리는데 어쩐지 이번엔 엄마를 데려가고 싶어졌다. 텐트에서 자야 해 잠자리가 불편

할 수 있다고 했지만 엄마는 흔쾌히 그래 갈게, 했다.

글램핑장에 도착해 짐을 풀고 야외수영장에서 아이를 놀렸다. 남편은 강에 들어가 다슬기를 잡았다. 가만히 그 모습을 보고만 있던 엄마도 어느새 강가에서 다슬기를 주웠다. 밤이 되어 불을 피우고 고기를 구워 먹은 후 잠자리에 들었다.

네 명이 나란히 누우면 꽉 들어차는 텐트에서 나는 엄마 옆에 눕고 아이는 내 옆에 누웠다. 나는 엄마가 좁을까 봐 아이를 보고 모로 누웠다. 엄마가 반듯하게 누워 있다가 나를 등지고 벽 쪽으로 돌아누웠다. 여럿이 함께 잘 때 잠들지 못하는 나는 새벽녘 다시 엄마를 보고 모로 누웠다. 아침에 깬 엄마는 좁지 않았고 편히 잤다고 했다.

다음 날 레일바이크를 타고 경치를 구경하다가 그곳이 어린 시절 아빠, 엄마, 오빠와 함께 갔던 그 '간현'임을 알았다. 지금은 폐역이 된 간현역에 내려 어제 우리가 잤던 곳에서 멀지 않은 강변에 텐트를 세우고 잠을 잤었다. 별이 많이 보이는 밤이었다. 엄마 옆에서 등으로 둥글고 뾰족한 강가의 돌을 느끼며 불편한 잠을 잤었다. 그래도 처음으로 텐트에서 자 본 것이라 행복했다. 엄마도 그날을 기억하고 있었다. 놀랍고 반가워했다. 엄마와 함께한 마지막 여행이었다.

그런 줄 알았으면 호텔을 예약할걸.

#3.

세 번째 밤은 엄마가 입원해 있던 병원에서.

지병이 세 번째 발현하면서 엄마는 늘 다니던 병원에 입원했다. 타지에서 윤재와 지내던 나는 주말마다 서울로 가 엄마를 보았다. 커다란 턱받이를 채우고 밥을 떠먹이는 동안에도, 시시때때로 용변을 받아 내는 동안에도 엄마는 말이 없었다. 나는 간이침대에 누워 책만 보다가 잠이 들었다. 몇 시인지 모를 깜깜한 밤, 엄마가 나를 깨우며 소변이 마렵다고 했다. 비몽사몽간에 소변을 받아 변기에 버리고 다시 돌아와 누웠다.

"여기 온 지 얼마나 됐지? ……이제 그만하고 싶다."

엄마가 어린아이처럼 잠시 흐느껴 울었다. 엄마의 가슴에 손을 얹고 토닥였다. 나는 엄마에게 오빠와 상의해서 더 빨리 퇴원할 수 있도록 해 보겠다고 거짓말했다. 엄마가 금세 잠들었다. 낮은 간이침대에 앉아 나를 등지고 누운 엄마를 가만히 바라보다가 동이 텄다. 그게 엄마가 나를 알아볼 때 함께 보낸 마지막 밤이었다.

간호사님 눈치 보지 말고 그냥 환자 침대에 올라가 엄마를 안아줄걸.

그런 밤은 이제 더 없다.

3부.

빈 화분

12월, 형제

12월, 겨울이다. 눈이 흩날리기만 하고 쌓이지 않는 날이 계속됐다. 볕이 가장 잘 드는 마당 한쪽에 심었던 채송화는 진작 가뭇없이 사라졌다. 걱정 반, 기대 반으로 심은 채송화는 하루가 다르게 바늘 같은 잎을 쌓으며 피어나는가 싶더니 예상대로 늦은 장마에 흠뻑 물을 먹고 이내 꽃을 떨어뜨렸다. 미용실에 갈 때마다 원장님에게 채송화 이야기를 했다. 오늘 심었다, 키가 컸다, 꽃봉오리가 생겼다, 피었다, 졌다, 상태가 좋지 않다. 마지막에 채송화가 물을 먹고 다 상해 버린 것 같다고 이야기했을 때 원장님은 단단한 미소를 지으며 대답했다.

"내년에 봐. 그 자리에 또 필 거야. 그대는 둘째 잘 낳을 걱정이나 하시오."

"안 피면 어떻게 하죠?"

"안 피면? 내가 또 씨앗 받아서 주면 되지. 채송화는 내가 제일 좋아하는 꽃이라서 여름 되면 우리 가게에 늘 있어. 피고 지고 또 펴. 두고 봐."

마당 있는 집에서 맞이하는 첫 겨울에는 눈이 좀 수북히 쌓였으면 했다. 둘째가 1월 첫째주에 나올 것 같다는 의사의 말을 들었을 때 올해 윤재와 눈썰매장 가긴 틀렸다는 생각이 제일 먼저 들었다. 말쑥하고 고운 얼굴의 윤재는 따로 설명하지 않았는데도 무사히 동생을 만나기 위해 자기가 감내해야 할 것들을 알았다. 엄마와 동생을 위해 자기가 무엇을 하면 좋은지 알았다. 그래서 더 간절히 바랐다. 동생이 태어나기 전에 눈이 잔뜩 쌓인 마당에서나마 윤재와 함께 뒹굴며 눈놀이할 수 있게 되길.

소원이 이루어질 것 같은 기미가 도무지 보이지 않아 12월에 접어들면서부터 윤재를 데리고 여기저기 다녔다. 어린이 연극과 뮤지컬을 몇 편이나 보고 거의 매일 도서관이나 서점에 들렀다. 마트에서 실컷 장난감 구경을 하고 디즈니 영화를 관람한 뒤 돈가스 외식도 했다. 박물관 구경을 가고 키즈카페에서 아이스크림을 먹으며 재미있는 시간을 보내기도 했다. 동생이 태어나면 한동안 윤재와 할 수 없을 일들을 휘몰아치듯 해 나가며 하루도 허투로 보내지 않았다.

만삭의 몸으로 너무 부산스럽게 움직인 탓일까. 새해 1월 1일을 이틀 앞둔 날 모처럼 온 가족이 산책에 나섰는데 때마침 진통이 찾아왔다. 출산 유경험자의 촉으로 보건데 진짜 곧, 나온다는 신호였다. 그 길로 차를 몰아 산부인과로 향했다. 둘째를 낳고 몸을 추스르는 동안 윤재를 돌봐 주어야 할 시어머니에게 급히 오셔야겠다고 연락한 것이 분만실로 들어가기 전 정신 차리고 한 일의 전부였다. 윤재는 얼떨결에 가족분만실에 아빠와 같이 들어와 엄마가 동생을 낳기 위해 진통하는 것을 보았다. 나는 점점 간격을 좁히며 밀려드는 강력한 통증에 입을 앙다물고 오만상을 썼지만 차마 소리를 낼 수는 없었다. 얼굴을 찡그릴 때마다 말없이 손을 잡아 주는 윤재 때문이었다. 잠시 통증이 물러간 사이 오히려 더 큰 소리로 웃었다. 윤재에게 지금 무서운 일이 벌어지고 있는 게 아니라는 걸 알려 주고 싶었다.

급속도로 진행되는 출산에 당황한 의사와 간호사들이 몰려와 커튼 밖으로 가족들을 몰아냈을 때를 제외하면 동생이 태어나는 모든 순간에 윤재가 있었다. 남편이 둘째의 탯줄을 자르자 간호사가 초록색 면포에 싸서 근처에 놓인 카트에 눕히고 울음을 터지게 했다. 커튼 안에서 무슨 일이 벌어졌는지 알 수 없지만 바쁘고 초조해 보이는 어른들 틈바구니에서 얼굴이 새하얗게 질려 있던 윤재는 갑작스레 등장한 작은 동생의 목소리를 듣고 살금살금 곁으로 다가갔다.

"은재야, 형아야."

윤재가 나지막이 동생을 부르는 목소리가 들려왔다. 은재. 우리가 오랜 날 고민해 지어 둔 둘째의 이름이었다.

첫 번째 둘째, 두 번째 둘째

둘째를 두 번, 낳아 보았다.

첫 번째 둘째는 첫째를 낳고 4년이 지나 생겼다. 그리고 내 안에서 11주를 살다가 심장이 멎었다. 다행히 이름을 지어 부르지는 않았다. 내 기억 속에 하나의 이미지로만 남았다.

결혼해 아이를 가진다면 둘은 낳겠다는 막연한 다짐이 있었다. 우리나라에서 아이를 가지지 않고 산다면 법적인 혼인이 굳이 필요 없다는 생각을 오래전부터 해 왔기 때문에 결혼을 결심한 순간부터 핵심은 아이였다. 결혼 후 남편과 주말부부로 떨어져 지내던 2년 동안 태어날 아이를 위해 돈을 모았고 깨끗한 환경을 마련했지만 정작 아이가 생기지 않았다. 그래서 직장을 그만두고 남편이 있는 곳으로 가 첫째를 가졌다. 경제적으로 여유롭지 않고 주거 환경도 열악했지만 아이를 무사히 낳은 것만으로도 큰 성취감을 느꼈다.

첫째를 낳아 키워 보니 엄마란 바닥이 보이지 않는 깊은 우물과 같은 인내가 필요한 역할이었다. 결혼하면 나는 당연히 엄마가 된다고 생각했기 때문에 그 고통의 '종류'가 상상과 다르지는 않았지만 '정도'가 너무나도 상상 그 이상이었다. 분명히 육아 선배들에게 들은 이야기를 기초로 깨우치고 받아들인 게 있었건만, 눈앞의 현실은 내 상상력이 얼마나 빈약한 것이었는지 확인시켜 줄 뿐이었다. 나의 우물은 아이 앞에서 자주 바닥을 드러냈고, 그 어떤 의도도 없이 순수하게 엄마를 의지하는 아이에게 미안해 점점 더 많이 본래의 나를 버렸다. 화장을 하고 예쁜 옷을 골라 입는 나, 글을 쓰고 책을 읽는 나, 책을 만드는 나. 버렸다. 엄마만 하기에도 벅찼다.

그렇게 버티다 첫째가 네 살이 되니 많은 것이 좋아졌다. 생활환경, 응급실을 수없이 드나들어야만 했던 아이의 건강상태, 무엇보다 다시 서울로 돌아와 엄마의 도움을 받으며 사람들도 만나고 간간이 일을 할 수 있게 된 내 정신상태. 살 만해지니 홀린 듯, 이제 둘째를 가져도 되겠다 싶었다. 엄마는 하나만 키워라, 둘 키우기 힘들다며 반대했다.

또 시어머니의 말씀이 재미있다.

"우리는 괜찮다. 자식이 많으면 엄마가 노예가 된다."

요즘 같은 시대에 본인 의지로 당연스레 둘째를 갖겠다고 하는 며느리는 좀 미심쩍었던 걸까. 우리는 괜찮다? 요즘 같은 시대에 시부모님에게 잘 보이려고 둘째를 낳는 게 더 희한한 일이 아닐까. 4인 가족을 완성한 지금은 기왕 자식 키우고 살 거면 둘은 있어야 한다, 다복하니 좋다며 절대적인 지지를 보내시기 때문에 당시의 저 말씀이 잠깐 나를 배려한 인사치레가 되었다. 하지만 '자식이 많으면 엄마가 노예가 된다'는 말은 일종의 증언이어서, 게다가 내가 경험해 버린 일이라서 둘째 계획을 망설이게 했다. 아이, 예쁘다. 어쩜 이렇게 예쁠까 싶게 예쁘지만 책임지는 일은 무서웠다. 무섭도록 힘들고, 내 인생이 아니라서 더 무서운 양육의 책임 말이다.

그 와중에 둘째를 강력하게 반대하는 엄마는 좀 서운했다. 내가 둘째인데, 나까지 낳아 키워 온 세월이 얼마나 진절머리 나게 힘들었으면 이럴까 싶었다. 둘째인 나는 엄마의 삶에 전혀 기쁨이 아니었을까 하는 의구심이 커졌다. 정말 비이성적인 판단이지만 둘째인 나를 위해 둘째를 낳아 잘해 주고 싶다는 생각까지 들었다.

사실 둘째 문제에 대한 답은 이미 나와 있었다. 다른 사람의 의견은 그저 의견일 뿐이고 마음은 이미 둘째를 향해 달려가고 있었다. 남편도 능력이 된다면 아이란 많으면 많을수록 좋다는 생각이어서 결정하고 난 뒤 둘째는 금방 생겼다. 막상 둘째가 생기자 엄마는 말을 바꿨다.

"둘 있으면 좋긴 좋아. 힘들어서 그렇지."

11주 후 유산하자 다시 말을 바꿨다.

"이제 그만해. 잘됐어. 그냥 하나만 키워."

엄마는 결국 소원대로 외손자 하나만 보고 눈을 감았다. 어딘가에서 지금 내가 두 번째 둘째를 기어이 낳아 키우고 있는 모습을 보며 탄식할지도 모르지만 이건 알아 줬으면 좋겠다. 두 번째 둘째를 낳은 건 99% 엄마 덕분이라고.

첫 번째 둘째가 생겼을 때 나는 임신출산 유경험자의 여유를 부리며 초음파 확인을 위해 동네 작은 산부인과에 다녔다. 임신 12주가 지나면 출산과 산후조리를 도와주는 좀 더 큰 산부인과로 옮길 생각이었다. 그런데 병원을 옮기기 바로 전주, 아이의 심장이 멎은 것이다. 동네 산부인과에서는 아무래도 유산된 듯하니 옮기기로 했던 큰 병원에 가서 수술을 받으라며 초음파 사진을 건넸다. 그 순간에는 아무 느낌이 없었다. 심장이 멎췄다, 유산되었다가 아니라 심장소리가 잘 잡히지 않는다, 유산되었을 수 있다라는 불명확한 표현에 희망을 걸었던 듯하다.

무덤덤하게 남편에게 전화를 걸어 '유산된 것 같다는데, 다른 데서 검사를 받아 보래' 하고 끊었다. 초음파 사진 속 아이는 사람의 모습을 온전히 갖추고 있었다. 머리와 팔다리, 손가락, 발가락이 다 생겨났다. 등을 돌리고 웅크린 모습이 고요히 잠든 것처럼 보였다. 가만히 사진을 바라보며 급히 조퇴하고 온다는 남편을 기다렸다.

남편과 함께 동네 병원에서 가 보라고 했던 큰 병원을 찾아 다시 초음파 검사를 했다. 산모가 모니터를 바라보고 누울 수 있는 구조여서 실시간으로 아이의 모습이 보였다. 초음파 기구가 흔들릴 때마다 화면이 흔들리면서 아이가 아직 살아서 움직인다는 미련을 부풀게 했다. 의사는 한숨을 쉬면서 '한 번만 더 볼게요'라고 말했다. 그 한숨과 동시에 눈물이 쏟아졌다. 아이의 웅크린 동그란 등을 쓰다듬고 싶었다. 얼굴을 볼 수 없어서 슬펐다. 11주에 아기 심장이 멎는 일은 잘 없지만 엄마 잘못이 아니니 크게 상심하지 말라고 했다. 임신 기간 중 잘못한 일들만 떠오르게 만드는 신기한 말이었다.

죽은 아이를 보내는 수술은 나의 기저질환을 고려해 종합병원에서 했다. 몇 번이고 아이가 죽었음을 확인 받았지만 수술 전 또 아이의 웅크린 등을 보아야 했다. 담당의사가 다시 또 분명하고 확실하게 아이가 죽었노라고 선포했다. 당신의 아이가 죽었다. 당신의 아이가 죽었다. 당신의 아이가 죽었다. 수술대에 올라서 의식이 꺼질 때까지 아이의 동그란 등이 눈앞에서 사라지지 않았다. 엄마의 말대로 일을 겪고 나니 둘째를 꼭 가져야겠다는 생각이 사라졌다. 그리고 6개월쯤 지나 엄마가 쓰러졌다.

하루하루 눈에 띄게 상태가 나빠지는 엄마를 오빠와 교대로 돌봤는데, 어느 날 교대를 하러 갔더니 병실이 텅 비어 있었다. 오소소 소름이 돋았다. 오빠에게 전화를 하니 지하 뇌파검사실에 있다고 했다. 늦은 저녁이어서인지 검사실 주변엔 아무도 없었다. 창백한 병원 복도가 춥게 느껴졌다.

한 시간쯤 걸린다는 검사가 끝나길 기다리며 오빠와 앉아 있었다. 평소에도 그렇게 살가운 남매 사이가 아닌지라 그냥 별말 없이 앉아 있었다. 밥 먹었냐, 지금 몇 시냐 같은 말이나 주고받았을까. 그런데 위안이 되었다. 아무도 없는 창백한 병원 복도에서 춥지도 외롭지도 않았다. 말없이 서로 마음을 기대고 있음을 알았다. 배우자가 주는 위안과 달랐다. 우리는 설명하지 않아도 코딱지나 파던 꼬맹이 시절을 알고, 바닥을 쳤던 사춘기의 추레한 꼬라지를 알며, 치열했던 20대를 아는, 한 지붕 아래서 삶을 공유하던 서로에게 유일한 사람이었기 때문이다.

엄마가 마지막으로 의식을 지니고 울며 이제 그만하고 싶다고 이야기했던 그 밤, 간이침대에 앉아 바라보던 엄마의 웅크린 등 위로 첫 번째 둘째의 동그란 등이 겹쳐졌다. 그때 어렴풋이 생각했다. 엄마가 떠나면 다시, 둘째를 낳아야겠다고.

두 번째 둘째는 그렇게 태어났다. 엄마 말 안 듣고 기어이, 낳고야 말았다.

엄마를 나눠 줄게

갓난아기인 은재는 첫째 윤재가 그랬던 것처럼 토막잠을 자고 깰 때마다 먹었다. 그리고 이내 다시 잠들었다. 나 역시 은재와 함께 토막잠을 자고 깼으나 다시 잠들기는 어려웠다. 윤재가 있었기 때문이다. 이제 곧 유치원을 졸업하고 초등학생이 되는 윤재였지만 그 아이는 그 아이대로의 관심과 사랑을 주어야 했다. 동생이 잠든 틈에 간식을 챙겨 주고 유치원에서 무슨 일이 있었는지 이야기 나누고 숙제하는 것도 도왔다. 두 아이를 오가며 챙기느라 다른 것은 생각할 겨를이 없었다. 엄마가 되어 오로지 엄마로서만 지내는 날들이 이어졌다. 먹이고 씻기고 재우는 것은 고정된 일상이고 그 어느 때보다 아이들에게 일어나는 모든 일에 온 마음을 다했다. 첫째 때문에 놓친 둘째의 몸짓이 있을까, 또는 둘째 때문에 놓친 첫째의 말이 있을까 싶어 그랬다.

하고 보면 그렇다. 윤재 하나만 돌볼 때 나는 오히려 나에게 더 집중할 수 있었다. 별다른 노력을 하지 않아도 윤재는 언제나 내 옆에 있었고 나도 항상 윤재 옆에 있을 수 있었기 때문이다. 들리는 모든 말은 윤재의 말이었고 내가 하는 모든 말은 윤재를 향한 것이었기 때문이다. 윤재가 유치원에 가고 나면 내 세계가 통째로 유치원에 빨려 들어간 것마냥 빈 집에서 어찌할 바를 몰랐다. 윤재가 없는 시간에도 윤재를 위한 반찬을 미리 만들어 두거나 윤재의 신발을 빨았다. 윤재가 보면 좋을 그림책을 찾아보고 윤재의 예방접종 스케줄을 확인했다. 그럼에도 시간이 남았다. 맞벌이하지 않고 진지한 취미 하나 없는 가정주부가 유치원생 아이 하나 키우는 건 솔직히 그랬다. 그래도 몸은 너무나 고되어서 침대에 쓰러져 과거의 나를 그리워하거나 지금의 나를 가엾게 여기며 편리하게 우울에 잠길 수 있었다. 우습지만 그 편리하게 우울에 빠져 눈물 짓던 시간이 온전히 나에게 집중한 순간들이다. 애달프고 쓸쓸한 나에게 너무 집중해서 탈이 날 지경인 나날이었다. 하지만 은재가 태어나자 접혀 있어 보지 못했던 또 다른 세상의 페이지가 펼쳐진 듯했다. 이쪽으로 돌아서면 윤재가 있고, 저쪽으로 돌아서면 은재가 있는 세상. 나와 나에 관한 모든 것은 전학 간 친한 친구처럼 가끔 안부나 물을 수 있는 정도가 되었다.

최대한의 엄마이고 최선의 엄마였지만 이 무렵 의도치 않게 윤재와 가장 많이 나눈 이야기는 '혼자 하는 법'에 대한 것이었다.

내가 윤재에게 이제는 혼자서 해 보도록 권한 일은 사실 별게 아니었다. 머리 감기, 양치질, 간단한 샤워 같은. 선한 마음을 가지고 태어난 윤재는 고맙게도 동생과 나눠 써야 하는 엄마를 아까워하지 않았다. 오히려 동생에게 엄마를 더 내어 줄 방법을 연구하기 시작했다.

 윤재가 가장 먼저 시도한 일은 '홀로 하원'이다. 홀로 하원이란 엄마가 마중 나오지 않아도 유치원 버스에서 내려 혼자 집에 오는 것이다. 엄마가 추운 날 태어난 지 얼마 안 된 동생을 안고 집 앞에서 자기를 기다리고 있는 모습에 마음이 쓰였나 보다. 아파트가 아니라 단독주택에 살고 있으니 시도해 볼 만한 일이었다. 내 생각에도 버스가 집 대문 앞에서 아이를 내려 주니 크게 문제 될 일은 없을 것 같았다. 유치원 선생님에게 사정을 이야기하니 윤재가 버스에서 내려 대문 열고 들어가는 모습까지 지켜보고 떠나겠다며 도움을 주셨다. 나는 윤재의 용기를 칭찬하고 마음 씀씀이에 크게 고마워했다. 그러나 그렇다고 해서 윤재가 현관문을 열고 '엄마, 나 왔어' 하고 외칠 때까지 느긋하게 은재만 보고 있을 수는 없었다. 윤재의 유치원 버스가 도착할 시간이 되면 나는 은재를 안고 대문이 가장 잘 보이는 창문 앞에 서서 괜히 가슴 졸이며 있었다.

 그러는 사이 윤재는 유치원을 졸업했다. 태어난 지 50일이 막 지난 은재는 아빠의 가슴에 달랑달랑 매달려 형아의 유치원 예술제를 구경했고 몇 주 뒤 졸업식에도 참석했다. 백일 무렵에는 형아의 입학식에 따라와 위풍당당하게 초등학교 강당 바닥에 엎드려 꾸물거리고, 형아의 교실에서 1학년 담임선생님의 얼굴을 빤히 쳐다보기도 했다. 은재는 아마 이 순간 가운데 그 어떤 것도 기억하지 못할 테지만 윤재가 기억할 것이다. 유치원 예술제에서 열심히 기량을 뽐내고 우리에게 달려온 윤재가, 졸업 상장을 받아 들고 우리에게 달려온 윤재가 가장 먼저 반긴 사람이 은재였기 때문이다. 초등학교 입학식날 강당 바닥에 엎드려 꾸물거리던 은재를 가장 먼저 챙겨 품에 안은 사람이 윤재였기 때문이다.

 윤재가 두 번째로 시도한 일은 '단독 등하교'다. 단독 등하교란 초등학교에 입학한 지 일주일밖에 되지 않은 초등학교 1학년이 홀로 등교하고 하교하는 것이다. 횡단보도를 건너야 한다는 것부터가 위협적이었다. 유치원 버스를 타고 대문 앞에서 내려 집에 들어오는 일과는 비교할 수 없었다. 학교 가는 길 곳곳에 아이들이 안전하게 등교할 수 있도록 도와주는 어르신들이 계시고 학교와 집 사이의 거리도 가까운 편이었지만 쉽게 허락할 수 없었다. 아침에 윤재가 혼자 무사히 학교에 도착하면 끝인가? 아니다. 무사히 학교에 도착했다는 건 어떻게 알 수 있나. 혼자 무사히 집에 돌아올 때까지 그 긴 시간을 견디는 건 고문이나 다름없었다. 나는 결코 대범한 사람도, 느긋한 마음을 지닌 사람도 아니었다.
 하지만 윤재의 결심은 확고했다. 처음에는 은재를 가슴에 매달고 윤재의 손을 잡은 채 횡단보도까지 함께 걸었다. 횡단보도 앞에 서 계신 등하교 안전지킴이 어르신과 인사를 나누고 그 어르신이 윤재의 집 방향과 이름을 기억해 불러 주실 때까지 그랬다. 다음에는 윤재와 대문 앞에서 헤어졌다. 두 번 세 번 뒤돌아 손을 흔드는 윤재가 시야에서 사라질 때까지 바라보았다. 눈물이 핑 돌았다. 고마움과 안쓰러움이 뒤섞여 자아내는 감정은 뜻밖에도 슬픔이었다. 초등학교 1학년 주제에 혼자 길을 건너 학교와 집을 오가야 하는 윤재의 처지가 슬펐고, 그저 아이가 하는 대로 마음 졸이며 지켜볼 수밖에 없는 내 처지가 슬펐고, 가장 배려받고 있지만 어쩌면 가장 관심받지 못하고 있는 은재의 처지가 슬펐다. 두 아이의 손을 동시에 꽉 잡고 있지만 누구 하나 온전히 품에 안기 어렵다는 사실을 바로 보게 된 시간이었다.

내가 그러거나 말거나 윤재는 얼마 지나지 않아 모든 일을 자연스럽게 해냈다. 너무나도 즐거운 초등학교 1학년 생활을 보내던 윤재는 언제나 아침 일찍 일어나 학교 갈 시간이 되기만을 기다렸다. 기다리다 못해 등교시간이 채 되기도 전에 신발주머니를 흔들며 인사도 없이 달려 나갔다. 학교가 끝나고선 곧잘 집에 친구를 데려와 시간을 보내기도 하고, 다 놀고 나면 그 친구를 바래다주고 오기까지 했다.

윤재가 세 번째로 시도한 일은 '미용실 혼자 다녀오기'다. 동생이 태어나고 윤재는 한동안 아빠와 함께 달의 마지막 토요일마다 미용실에 갔다. 무슨 이유겠는가. 동생이 갓난아기였기 때문이다. 그리고 그 동생이 꽉 찬 한 살이 되도록 형이 머리를 깎는 동안 미용실 소파에서 얌전히 기다리는 인내를 터득하지 못했기 때문이다.

같은 날 이발했어도 두 남자의 모발이 자라는 속도는 서로 달랐다. 윤재의 머리가 덥수룩해져 하루라도 빨리 이발시켰으면 할 때에 남편의 머리는 딱 보기 좋은 모양을 갖추었다. 그래서인지 매번 느긋한 남편에게 미용실에 예약 전화를 하라고 재촉에 재촉을 거듭해야만 간신히 윤재의 머리를 손질할 수 있었다.

윤재의 입장에서는 아빠와 미용실 가는 게 그전보다 재미가 덜한 것 같기도 했다. 어느 날 아빠와 함께 머리를 다듬고 온 윤재가 설거지하는 나의 등 뒤로 스윽 다가와 말했다.

"엄마. 아빠랑 미용실에 가면 원장님이 아무 말도 안 하신다? 엄마랑 가면 재미있는 이야기도 많이 듣는데. 그냥 머리만 자르셔."

손을 씻다가 윤재의 이야기를 들은 남편이 하하 웃었.

"남자들은 원래 다 그래."

조금도 의도한 적 없지만 윤재에게 미용실은 어느새 엄마와 동생을 데려가면 필시 누구 한 명은 불편해지고, 머리카락이 자라 거추장스럽게 되어도 제때 갈 수 없고, 가도 별 재미가 없는 곳이 되었다. 윤재의 혼자 미용실 다녀오기는 그래서 맺힌 결심일까. 농담 반 진담 반으로 집도 가깝고 이렇게 의젓하니 혼자 머리 자르러 와도 되겠다고 한 미용실 원장님의 말을 마음에 담아 두었던 것일까.

윤재의 미용실 혼자 다녀오기는 간단하게 실현되었다. 미용실은 집 대문을 열고 길 따라 똑바로 60미터쯤 걸으면 있다. 미용실 앞에는 학교를 향해 꺾어지는 횡단보도가 있어 윤재에게는 그 무엇보다 익숙한 길이었다. 나는 미용실 원장님께 전화로 사정을 설명하고 도움을 청했다.

"알았어, 걱정하지 말아요. 윤재 정도면 충분히 혼자 왔다 갔다 하지."

처음 윤재가 주머니 속에 만 원짜리 지폐 한 장을 접어 넣고 홀로 미용실로 향한 날은 이상하리 만큼 마음이 평온했다. 윤재는 자기가 받은 서비스에 대한 대가를 돈으로 지불하는 경험도 태어나 처음으로 하게 될 것이었다. 윤재나 나나 걱정보다는 설렘이 앞서는 홀로서기였다. 30분쯤 지나자 미용실 원장님에게서 전화가 걸려 왔다.

"윤재 머리 다 하고 이제 출발해요. 혼자서 아주 잘했어. 걱정 말아요."

생각지 못한 배려였다. 정확히 5분 뒤 윤재가 집으로 돌아왔다.

"머리 깎고 나서 돈 드렸지? 기분이 어땠어?"

내 물음에 윤재는 주머니에서 만 원을 꺼내며 대답했다.

"원장님이 돈은 나중에 엄마한테 받으면 되니까 지금 안 줘도 된다고 하셨어."

"네가 돈을 드렸는데도 안 받으신 거야?"

"아니, 나 돈 있다고 말 안 했는데. 다 깎고 카라멜 주시면서 돈은 엄마한테 받으면 된다고 하셔서 그냥 왔어."

낮잠에서 깬 은재가 어느새 기어 와 형아의 다리를 붙잡고 엉거주춤 일어섰다. 윤재는 제 아빠나 내가 하듯 살며시 쪼그려 앉아 양팔로 은재를 폭 감싸 안고 말했다.

"우리 은재 일어났쪄요? 형아 아직 손 안 씻었어. 손 씻고 놀아줄게. 잠깐만 기다려."

어린 아이가 고맙게도, 자기보다 더 어린 아이에게 엄마를 나눠 주었다.

3초만 세면 끝나

  15개월이 된 은재는 이제 미용실에서 머리를 잘라 보기로 했다. 윤재는 이 나이 무렵에도 머리카락이 꽤 빨리 자라 남편이 서툰 솜씨로나마 머리카락을 자주 잘라 주었는데 은재는 돌이 되어서야 고슬고슬한 머리카락이 두피 전체를 덮었다. 빨리 길어지지도 않아서 귀 옆과 목 뒤만 바리캉으로 살짝 밀면 될 것 같았다. 워낙 머리카락이 천천히 자라니 바리캉을 사서 직접 밀어 주는 것보다 석 달에 한 번씩 각오를 다지고 미용실에 가는 게 훨씬 현명한 선택이었다.

  "15개월? 그렇게 애기는 최근에 잘라 본 적이 없는데. 아이고, 내가 잘 할 수 있을까?"

  미용실 원장님은 조만간 은재의 이발을 부탁한다는 내 말에 화들짝 놀랐다. 그러면서도 윤재 이발할 때 은재도 꼭 같이 데려오라고 신신당부를 했다.

  디데이 3개월 전부터 윤재가 미용실에 갈 때마다 은재를 데려갔다. 은재는 형아가 미용실 의자에 얌전히 앉아 이발하는 것을 구경했다. 가위가 사각사각 머리를 스치고 지나가면 머리카락이 우수수 떨어지는 것을 보았고, 예민하게 몸을 떨며 신경질적인 소리를 내는 바리캉이 뒷목을 밀고 지나가도 상처가 나지 않는 것을 보았다.

  "세상에나. 은재도 형아처럼 엄청 의젓하네! 다음에 오면 은재도 이렇게 머리 깎아 보자? 은재는 아마 형아보다 더 잘할 것 같아."

  미용실 원장님은 은재를 볼 때마다 친근해지기 위해 이런저런 말을 건넸다. 대여섯 살 먹은 어린이도 아닌 15개월 아기는 깎기 두렵다고 했지만 우리 은재는 해 줘야지, 하셨다. 우리 모두는 한마음이 되어 은재의 첫 이발날을 위해 각자 해야 할 일을 했다.

  드디어 은재의 첫 이발. 원장님은 은재가 이발하기로 예약한 시간에 다른 손님은 전혀 받지 않았다. 윤재와 나, 은재의 처음을 기념하기 위해 카메라를 들고 함께 출동한 남편까지 있으니 크지 않은 미용실이 마치 작은 연극무대 같았다. 이름하여 〈은재의 이발대소동〉. 은재는 순순히 미용실 의자에 앉아 가운을 둘렀다. 그 별것 아닌 행동에도 우리는 감탄했다.

  "아니, 이럴수가. 다른 아이들은 가운 두를 때부터 울음이 터지는데! 역시 우리 은재."

미용실 원장님은 은재를 칭찬하며 살며시 빗질을 시작했다.

"자, 이제 비가 내려요."

스프레이로 살살 물을 뿌리자 은재가 콧등을 찡그리며 환하게 웃었다. 은재는 빗이나 가위가 머리에 닿을 때마다 뒤를 돌아보았지만 거울 속의 은재를 보아야 한다는 말을 잘 따랐다. 하지만 시간이 흐를수록 가만히 앉아 있기에 좀이 쑤셨는지 이리저리 뒤채다 결국 의자에서 내려오려고 버둥거렸다.

"이제 거의 다 했어. 은재아빠, 카메라 그만 찍고 은재 잘 잡아요. 잘 못 잡으면 깎다 말아야 해."

남편이 꽉 잡자 은재는 무섬이 도졌는지 울음을 터뜨렸다.

"이제 다 했대, 은재야. 조금만 참으면 끝나. 3초만 세면 끝나."

윤재는 우는 은재 앞에서 손가락 세 개를 들어 보이며 동생을 달래려고 애썼다. 나는 은재가 관심 가질 만한 휴대폰 동영상을 찾아 눈앞에 대령했다.

"자, 봐. 하나, 두울, 세엣…… 하나, 두울, 세엣……"

하나, 둘, 셋이 끝없이 이어졌다. 시끄럽고 어느 한 사람도 편치 않았지만 따뜻하고 달콤한 공기 속에 아늑하게 잠겨 있는 기분이었다. 마지막으로 하나, 둘, 셋 하고 이발을 마쳤을 땐 고작 15분의 시간이 흘러 있었다.

"내가 은재만 할 때부터 머리 잘라 준 애가 있는데, 걔가 어제 군대 가게 됐다고 머리를 밀러 온 거야. 세월이 그렇게 빨라. 이

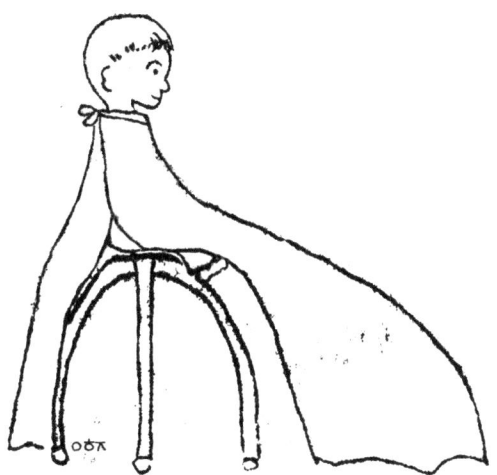

런 시절도 윤재 말처럼 3초만 세면 끝나 버린다니까. 윤재랑 은재 군대 갈 때도 내가 머리 밀어 줄 수 있으려나?"

무사히 이발을 마친 은재의 머리를 쓰다듬으며 미용실 원장님이 말했다. 그리고 슥 돌아서 윤재에게 카라멜 두 개를 은밀히 쥐어 주고 속삭였다.

"이건 동생 주지 말고 너 다 먹어. 동생은 지금 이거 못 먹으니까 혼자 다 먹어도 괜찮아."

이제 유치원생이 된 은재는 길을 가다 미용실이 보이면 별로 길지도 않은 머리를 깎고 싶어 한다. 위아래로 움직이는 의자에 앉아 베트맨처럼 온몸을 감싸는 위장망토를 두르고 보슬보슬 내리는 비를 맞으며 웃고 있으면, 파마나 염색을 하러 온 아주머니들에게 어쩜 이렇게 의젓하냐며 칭찬 세례를 받는다. 은재에게 미용실은 기분 좋은 일이 생기는 곳이다. 오늘도 은재는 길가에 아무렇게나 핀 노란 민들레꽃 몇 송이를 따다가 꽃을 좋아하는 원장님에게 주었다. 원장님은 은밀하게, 딸기맛 카라멜을 그 민들레꽃과 바꿨다. 꽤 괜찮은 거래다.

아보카도 대신 망고

 아보카도는 나무가 되지 못했다. 두 개의 씨앗은 그 단단한 껍데기에 조금의 균열도 내지 못하고 돌멩이처럼 마당 한 귀퉁이에 버려졌다. 또 두 개의 씨앗은 껍데기를 가르긴 했지만 그 틈새로 연한 싹을 내밀어 보지 못한 채 썩고 말았다. 마침내 발아에 성공한 씨앗 하나가 뿌리까지 내려 흙에 옮겨 심었다. 키가 30센티미터쯤 될 때까지 거침없이 잎을 내며 자라서 기대가 컸는데, 겨울로 접어들자 실내도 너무 추웠던지 결국 기운을 되찾지 못하고 죽고 말았다.
 실패를 거듭할수록 아보카도에 대한 윤재의 관심은 줄어들었다. 그리고 은재가 태어났다. 하루하루 모습을 달리하며 자라나는 곱고 연약한 은재를 보는 것은 모두의 기쁨이었다. 씨앗에서 돋아난 싹을 구경하는 일에 댈 게 아니었다. 아보카도는 우리의 기억에서 잊힌 듯했다. 나 역시 아보카도를 다시 상대할 마음은 사라졌지만 빈 화분을 볼 때마다 어쩐지 불편했다. 흔하지 않은 과일을 씨앗부터 키워서 얻고 싶다는 생각이 아무 때나 불쑥불쑥 생겨났다.

은재는 젖을 뗐다. 나는 곧장 미용실로 향했다. 엄마를 잃고 도망치듯 정착한 곳에서 열 달 동안 슬픔과 은재를 한데 품고 지낸 나에게. 윤재가 초등학생이 되기까지, 은재가 혼자서 걷게 되기까지 실체 없는 부정한 것들과 처절하게 맞서 온 나에게. 언제부터인지 줄곧 버티고만 있던 것 같은 나에게 예쁨을 선물하고 싶었기 때문이다.

"반백이네. 햇노인이야."

미용실 원장님은 임신과 수유로 1년 동안 염색을 하지 못한 내 머리를 들춰 보며 새삼스레 말했다.

"흰머리가 너무 많아서 차라리 좀 밝은색으로 염색하면 좋겠는데. 그러면 흰머리가 생겨도 눈에 그렇게 안 띄어."

어떤 색상을 말하는 건지, 얼마나 밝은지 재고 따질 것도 없이 그러자고 했다. 어차피 미용실 원장님은 만 원 짜리 한 장을 들고 혼자 오는 윤재의 머리를 깎아 주고 집으로 돌아가는 길을 살피는 사람, 은오의 첫 이발을 위해 다른 예약 손님을 거절하는 사람, 가끔씩 내게 꽃을 주는 사람이었기 때문이다.

염색약을 바르고 대기하는 동안 믹스커피 한 잔을 들고 미용실

안을 둘러보니 여기저기 빈 화분들이 놓여 있었다. 높고 좁다란 화분, 화분이 된 뿔소라 껍데기, 다리가 달린 대접 같은 모양의 화분. 코바늘로 뜨개질을 하고 있던 원장님이 내 시선이 머무는 자리를 곁눈질하며 말했다.

"화분들 예쁘지? 저기에는 다육이들 심을 거고, 그건 파피루스라고 갈대처럼 기다랗게 생긴 애 있어. 걔가 들어앉을 자리야."

"다 주인이 있는 화분이네요."

"그럼 다 주인이 있지. 주말에 흙이 오면 심으려고. 윤재네는 마당이 있으니까 화분 필요 없겠다."

그러자 한때 아보카도가 주인이었던 빈 화분이 떠올랐다.

"아보카도 씨앗 싹 틔워서 키우던 화분이 하나 있는데 죽어 버렸어요. 거기다 뭘 심긴 심어야겠는데 어떤 게 좋을지 모르겠어요."

원장님은 뜨개질하는 부지런한 손을 멈추지 않고 대답했다.

"씨앗 심어서 싹 나는 거 애들도 보면 좋지. 아보카도를 키워 봤으면 이번엔 망고 하면 되겠네. 비슷비슷한 애들이잖아? 요즘 과일가게에 망고 많이 내놨던데."

"아!"

무심하면서도 그 간결한 대답에 나도 모르게 감탄이 흘러나왔다. 원장님은 뜨개질하던 손을 멈추고 가위로 실의 끝자락을 싹둑 잘라 내더니 완성된 것을 이리저리 매만지며 다가왔다.

"팔 좀 줘 봐. 이거 해 줄게. 윤재엄마는 팔이 가늘어서 잘 어울릴 것 같아."

 내 왼쪽 팔목에 나뭇잎 패턴이 사슬처럼 엮인 초록색 손뜨개 팔찌가 채워졌다.

 "역시 잘 어울리네! 초록색 말고 다른 좋아하는 색깔 있으면 말해 봐요. 다음에 올 때까지 떠 놓을 테니까."

 그날 저녁 우리는 다 같이 둘러앉아 망고를 먹었다. 염색을 마치고 즉시 과일가게로 가 망고를 샀다. 태어나 처음 망고를 먹어 본 은재는 맛있다는 말은 또렷이 못하고 앙증맞은 입술을 연신 뻐끔거리며 귀여운 소리를 냈다. 윤재도 망고를 맛있게 먹었지만 망고의 맛보다 그 안에 들어 있던 씨앗의 거대함에 놀라 먹는 동안에도 씨앗만 쳐다보았다.

 "엄마, 이걸 어떻게 심어?"

 "그건 주머니 같은 거야. 잘라 보면 안에 진짜 씨앗이 들어 있대."

 "정말로? 빨리 심고 싶다!"

동네 미용실 원장님이 우리 엄마는 아니지만

두 달에 한 번씩 염색을 하러 미용실에 간다. 그 두 달을 반복하는 동안 윤재는 초등학교 4학년이 되었고 은재는 여섯 살 유치원생이 되었다. 원장님은 윤재의 학년이 바뀔 때마다 화들짝 놀라고 여전히 점잖게 이발하는 은재를 낯선 손님에게 자랑한다.

나는 원장님의 고향이 어디인지, 좋아하는 음식은 무엇인지, 남편분과 어떻게 만나 결혼하게 되었는지, 원장님의 오빠가 어떤 병을 앓고 계시는지, 자주 만나는 친척은 누구인지 등등을 알게 되었다. 원장님이 나에 대해 기억하는 것은 의외로 많지 않다. 윤재와 은재의 엄마이고 친정엄마가 안 계시다는 것, 집에 마당이 있다는 것, 우리집 옆집에 본인의 지인이 산다는 것 정도. 그래도 직전에 내가 앞머리를 기르기로 했는지, 자르기로 했는지는 기가 막히게 기억한다. 머리를 하러 갈 때마다 서로 많은 정보를 주고받지만 두 달쯤 지나 다시 이야기 나누다 보면 사소한 것까지 기억하는 것은 내 쪽임을 느낀다. 원장님은 매일 여러 손님들을 만나니 그럴 수밖에.

나는 원장님에게 특별한 대우를 받는 손님이 아니다. 원장님은 아마 대부분의 손님을 한결같이 대할 것이다. 하지만 나는 미용실에 갈 때마다 그저 머묾으로써 일상의 위로를 받는다. 나의 여러가지 불운에 대해 작정하고 특별한 위로를 건네려는 고마운 사람들을 여럿 만났지만 가장 큰 위로를 주는 건 언제나 미용실이다. 왜냐하면 그 순간만큼은 엄마가 곁에 있는 기분이기 때문이다. 사라진 엄마를 다시 만나는 것만큼 엄마를 잃은 사람에게 더 큰 위안이 되는 게 어디 있을까.

마음이 특히 그런 날은 머리 손질하기 딱 좋은 때가 아님에도 미용실에 간다. 가서 속에 있는 말을 꺼내는 것은 아니다. 그냥 머리를 다듬거나 몇 주 앞당겨 염색을 할 뿐이다. 머리카락에 색이 물들길 기다리면서 으레 틀어 놓는 텔레비전에 등장한 배우에 대한 시시한 뒷이야기를 듣고 피식 웃는다. 엄마와의 수다를 간접 체험할 뿐이다.

내가 엄마에 대해 기억하는 게 많지 않은 것도 비슷한 이유였을까. 나는 많은 사람을 만나며 세상을 향해 나아가는 중이었고 엄마는 생활 반경을 점점 좁혀 가는 중이었기 때문에. 그렇다면 엄마는 나에 대한 기억을 터질듯이 안고 떠났을까. 내가 엄마를 기억하는 것보다는 더 많이 나를 기억하고 있었을까. 돌아보면 우리는 늘 불균형한 관계였다. 그래서 원장님의 소소한 개인사들을 듣고 기억해 맞장구칠 때마다 엄마에게 미안한 마음이 든다. 무수히 많았을 엄마의 이야기들을 기억하지 못해서. 맞장구쳐 주지 못해서. 하지만 안다. 엄마에게서 태어나 한 번 더 가족으로 산다 해도 나는, 엄마는 조금도 다르지 않은 삶을 살 것이다. 우리 사이에 죽음이 얼마나 가까이 놓여 있는지 알지 못한 채 주어지는 또 한 번의 삶은 아무것도 만회할 기회를 주지 않는다.

염색을 끝마치고 미용실을 나설 때마다 원장님이 늘 하는 말이 있다.

"새사람이 되었네!"

그러면 여전히 외로운 나는 큰 잘못을 저질렀지만 엄마의 꾸지람이 아닌 예상 밖의 응원을 받은 아이처럼 은근하게 기운이 솟는다. 미용실 원장님이 우리 엄마는 아니지만 나의 빈 화분은 그렇게 채워진다.

에필로그 ── 옷걸이에 옷 좀 걸어라

나는 가끔 나의 아이들이 아무것도 책임지지 않는 삶을 살길 바라곤 한다. 태어난 이상 자기는, 아무리 마음에 안 드는 자신이더라도 죽음에 이를 때까지 끌고 가야 하니 나 외에 아무것도 책임지지 않으며 산다고 해도 생은 하나도 가볍지 않을 것이다. 살아 보니 그렇다. 그것을 생각하면 아주 비통하다. 아이를 만들어 이 세상에 내놓았다는 것이 너무 미안해서 숨도 크게 쉬어지지 않을 때가 있다.

그럼에도 더 미안한 것은 나는 괜찮다는 감정이다. 어떻결에 태어나 어렵고 복잡한 순간들을 물리치고 우울하고 고통스러운 시간을 가까스로 견뎌 봐야 맞이하게 되는 것은 죽음뿐이라는 걸 이제는 다 알면서. 아이들을 보고 있으면 자주 행복하고 나의 죽음 정도는 얼마간 괜찮아서 다시 태어나도 이 아이들을 만나고 싶은 마음에 그 자체로 쉽지 않은 삶을 또 쥐어 주게 될 것만 같다. 이 얼마나 이기적인 마음인지.

엄마의 딸로 살면서 그다지 행복하지 않았다. 엄마의 삶은 아빠 때문에 늘 뜻대로 흘러가지 않아서(아빠도 마찬가지였지만) 자식만은 뜻대로 해 보려 했지만 당연히 잘 되지 않았다. 표현에 서투르고 하는 말 어디에도 예쁜 구석이 없었으며 살림 솜씨도 그저 그랬다. 엄마의 손을 잡고 걷거나 엄마와 마주 꼭 끌어안아 본 기억이 없다. 어릴 때는 엄마가 무서웠고, 사춘기가 되어서는 정말 진지하게 엄마를 아주 못된 사람이라 정의했다. 성인이 되어서는 엄마에게 아주 서운했고 엄마를 잃어버린 지금은 엄마가 몹시 가엽다. 긍정적인 평가는 없다.

그래도 시간이 갈수록 흐릿해지거나 도리어 진해지는 몸의 점처럼 기억에 농담(濃淡)이 있을 뿐 절대로 지워지지 않는 순간들이 있다. 어린 시절 언젠가 아침 잠든 나의 머리카락을 가만히 쓸어 넘기던 엄마의 손길, 나지막이 불러 주던 엄마의 노래 같은. 하여 헤아리게 된다. 말하지 않았던, 비로소 죽는 순간에는 말할 수 없게 된 엄마의 마음을.

입원 후 엄마가 완전한 의사소통이 어려워지기 시작했을 때, 그래서 말문을 닫기 직전 또렷한 의식으로 마지막 한 일은 오빠에게 은행 체크카드를 건넨 것이다. 말로 설명할 수 없었지만 알 수 있었다. 그 카드로 자신의 병원비를 해결하라는 의미였다. 죽음을 자각했을 때 엄마의 마음이 어땠는지 알 수 없지만 적어도

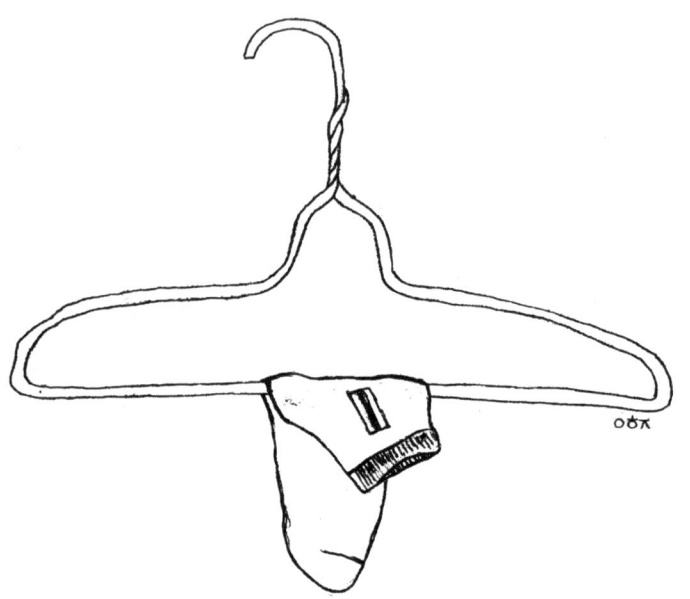

그 행동은 자식이 져야 할 책임을 덜어 주기 위한 것이었다. 선택의 여지 없이 태어나 부모의 죽음을 보게 될 아이에게 건넨 사과 같은 것이었다.

처음에 이 글은 그 헤아림의 과정에 대한 기록이 될 것이었다. 그런데 헤아려 보니 고통스러웠다. 열심히 헤아려 봤댔자 이 추측이 맞는지 더 이상 확인할 길이 없어서 더 그랬다. 누군가에게 직접 사랑 고백을 받아 본 경우와 썸만 타다 흐지부지되어 나중에야 친구에게 '아마 걔가 날 좋아했을 거야' 하고 넋두리나 늘어놓는 경우는 비교할 수 없지 않은가.

그래서 아이들이 아무것도 책임지지 않는 삶을 살길 바란다는 생각은 나의 죽음으로까지 확장되었다. 나는 아이가 부모의 죽음에서 비롯되는 그 어떤 것으로부터도 자유롭기를 바라니까 나중에 아이가 홀로 내 마음을 헤아리며 고뇌하는 일 따위는 없었으면 했다. 그럼 내가 잘 죽어야지. 나는 아이들을 위해 아무 소리도 내지 않고 조용히, 한밤중 목련꽃 떨어지듯 아주 자연스럽게 사라지고 싶었다. 할 수만 있다면 "매화분에 물을 주어라"라는 유언을 남기고 세상을 떠난 퇴계 이황 선생처럼 나도 그저 정리정돈이 서툰 아이들에게 "옷걸이에 옷 좀 걸어라"라는 유언이나 남기고 더 할 말이 뭐가 있느냐는 듯 가벼운 표정으로 이 삶에서 빠지고 싶었다.

이제 이 글은 나의 마음이 되었다. 모래밭처럼 건조하고 아등

바둥 이루려 할수록 부서져 내리는 생활 가운데서 조그만 사금 같은 엄마의 마음을 발견하고 공명하는 자식의 마음과 내 아이들에게 전하는 엄마의 마음을 담았다. 엄마를 잘 모른 채 엄마를 잃은 나는 이러했고, 그러나 너희들이 있어서 좋았다는 마음. 내 딴에는 더 할 말이 뭐가 있느냐는 듯 가벼운 표정을 짓기 위한 준비이다. 선택의 여지 없이 태어나 빈 화분을 갖게 될 내 아이들에게 건네는 버티는 삶에 대한 실마리이자 사과이다.